対話で心をケアするスペシャリスト

《精神対話士》の

人の気持ちがわかる技術

一般財団法人メンタルケア協会【編著】

まえがき

誰もが必要なコミュニケーション能力

この本は一般の方向けに書かれたものですが、ほぼ全ページにわたって精神対話士のことが出てきます。それは、精神対話士の方が、誰よりも「人の気持ちをわかる技術」を持ったプロたちであり、誰よりもその技術を必要としている人たちだからです。

そのため、この本は巷《ちまた》にある「人の気持ちを利用しよう」とする本ではありません。あくまで「人の気持ちをわかって共感する」ための本です。もし、「人の気持ちを利用しよう」と思ってこの本を手に取った方がいたら、パラパラと2、3ページ捲《めく》ってください。人の気持ちは利用するものではなく、共感するものであるということに気づくと思います。

登校拒否、引きこもり、うつ病、そして自殺。現代社会は心に問題を抱えた方が非常に多いのです。そして今日元気だった方も、明日にはそのような状態に陥るかもしれないのが現代社会です。あなただってそうならないとは限りません。

それればかりではありません。医療の現場や介護の現場、そして普通のサラリーマンには、さまざまな悩みを持った方が多くいます。うつ病にならなくても、その一歩手前でこらえている方も多くいるのです。

しかし、そのような方々も、気持ちをわかってくれて共感してくれる方がいれば、悩みや苦しみが解決するケースも多いのです。詳しくは本書を読んでいただくとして、人は他人の気持ちがわかって共感する能力を持っています。そして、それが共感された方には癒やしにもなるのです。

もちろん、ビジネスでも学校でも、近所付き合いや友人間でも、この本に書かれた「人の気持ちがわかる技術」は使えます。相手の気持ちがわかれば、相手からの信頼感が生まれ、コミュニケーションがスムーズになり、前向きに生きていけます。

部下の気持ちがわからない、部下が俺の話を聴いてくれない、生徒が反発ばかりする、私は友達や隣近所から孤立しているなどなど。なぜか、他人とのコミュニケーションがうまくいかないと悩んでいる方がいたら、人の気持ちをわかる力や共感する力が欠けているのかもしれません。この本で、その力を養ってください。ずっと前向きな生き方ができると思います。

精神対話士とは何か

ここで、この本に登場してくる精神対話士について、簡単に説明しておきます。精神対話士は1993年に、慶應義塾大学医学部出身の医師たちが立ち上げた資格制度です。

医療行為や精神療法をすることなく、対話と傾聴（人の話を聴くこと）を通して人の心のケアを行うメンタルケアのスペシャリストです。

精神対話士の資格は、一般財団法人メンタルケア協会の「メンタルケア・スペシャリスト養成講座」の基礎課程と実践課程を受講・修了し、「精神対話士選考試験」に合格することによって取得できます。

精神対話士はボランティアではありません。対価をいただいて人の話を聴くプロフェッショナルです。人の話を聴き（傾聴）、相手の気持ちをわかって共感し、相手の気持ちを受け止め（受容）、その人のメンタルをケアしていきます。

精神対話士は一般財団法人メンタルケア協会に所属し、クライアント（対価を払って対話を依頼してきた方）のところまで派遣されて話を聴きます。

人の気持ちを聴くプロであると同時に、人の気持ちをわかるプロでもあります。聴くことによって、相手に共感するのです。彼らから人の気持ちをわかる技術について学ぶべきことは多くあります。

また、この本は、精神対話士の方が読んでも参考になるように作られています。精神対話士の方の体験談やインタビューもふんだんに載せてあります。また、対話の実例もあります。目を通すことで、自らのスキルも上がると思います。

最後に、この本の構成について説明します。

本書は2つのパートに分かれています。「人の気持ちがわかる編」と「人の気持ちを聴く編」です。人の気持ちがわかるためには聴く能力が必要であり、それなくして、気持ちをわかることはできません。どこから読んでも、どこを読んでも使えるような構成になっています。

ぜひ、この本で人の気持ちがわかる能力を培ってください。

一般財団法人メンタルケア協会

まえがき

目次

対話で心をケアするスペシャリスト《精神対話士》の人の気持ちがわかる技術

人の気持ちを聴く 編

カバーデザイン／藤牧朝子
本文デザイン・DTP／(株)ユニオンワークス
構成・執筆協力／宝島社、上尾茶子

人の気持ちがわかる編

ここでは、人の気持ちがわかるための基本的な考え方とノウハウを解説します。

1 わかってもらうことで生きる勇気につながる

人は一人では生きていけません。それは物理的にも精神的にもそうです。人間が人間である理由は社会的動物であることです。古代ギリシャの哲学者アリストテレスは、人間を社会的動物（ポリス的動物）と呼びました。

社会的動物とは、簡単に言えば、共同体の中で他者と共に社会をつくっていく存在であるということです。会社の中で、学校の中で、地域の中で、家族の中で、人は自分以外の人間と一緒になって生きています。一人では生きていけないのです。

そして、人は、常に健全でいるわけではありません。何かのきっかけで、事件や事故に遭遇した場合には、大きな失意や悲しみや絶望を感じます。しかし、人は、そのつらい時期を家族や友達と支え合って生き抜いていくのです。それが社会的動物である人間の生き方です。

しかし、その大きな失意や悲しみや絶望を、周りの人たちが理解してくれなかったらどうでしょうか。あるいはそれを打ち明けられる相手がいなかったらどうでしょうか。人は悲しみや絶望だけでなく、孤独感にもさいなまれるでしょう。そして、深い自分だけの闇に閉じこもってしまうのです。

「誰も僕の気持ちをわかってくれない」「誰も私のことなんて考えてくれない」と。

だからこそ、人は「人の気持ちをわかる技術」を身につけなければいけないのです。**人は、自分をわかってくれるということで生きる希望が持てます。今はすぐに立ち直れなくても、わかってくれる人がいる、味方がいる、と思えるだけで、次の一歩を踏み出せます。**

それは、苦しみのときだけではありません。何かを成し遂げたとき、人は喜びを分かち合いたいと思います。その成し遂げるまでの道のりを、共に成し遂げてきた人と分かち合いたいと思います。人々は古代から、共に、田んぼに水を引き、田植えをし、雨や風から実りを守り、収穫を得てきました。そして、苦しみも喜びも分かち合って、社会を築き、生命を育んできたのです。

現代社会は、個々がバラバラの時代ともいわれています。しかし、人が社会的動物であることには変わりません。〝わかってもらえた〟との思いが、この社会で共に生きていく勇気を与えるのです。

2 心を真っ白にして相手の気持ちを受け止める

先入観があると、相手の言葉の一つ一つを色メガネをして聴くことになります。そうなると相手の真意を理解することができなくなります。

仕事などで、二人の部下から、同じような業務改善の提案がなされても、快く思わない部下からのものだと、提案を避けてしまうのに、もう一方の部下からの提案は受け入れてしまうことがあります。内容は同じでも、提案者への評価で違った結果になってしまいます。先入観のなせる業です。

また、友達であっても、けんかした後だと、なかなか素直に相手の意見を受け入れることができません。けんかでなくても、自分にとっていやなことがあった場合も、同じです。「今日の服、ちょっと派手だね」と言われただけで、「私の勝手でしょ！」と言い返したくなります。

そのようなことがないように、**相手についての情報を頭に入れるのは最小限にして、**

先入観を持たず、心を真っ白な状態にしてみましょう。そして、自分のプライベート上での気がかりなことも引きずらないことです。

もし、気がかりなことがあったら、それは括弧にくくっておいて、そのときは心から一旦追い出してしまいましょう。

さらに、心を真っ白にするということは、相手の言葉の一つ一つを価値判断することなく、そのまま受け入れることです。相手に対する自分の感情や、良し悪《あ》しの判断を持たないことです。そのような感情や判断があると、相手の言葉を素直に受け止めることができません。けんかしている相手や嫌いな人からの言葉を素直に受け入れることができないのと同じです。

また、相手に対する無闇な推測もしません。推測することで、相手の言葉の意味を勝手に色づけてしまうことがあります。

そして、相手を理解することに努めます。自分の心の真っ白なカンバスに、相手の言葉を描き入れていくだけです。これが、相手の気持ちをわかるための大前提になります。

その前提に立って、相手の真意を理解するために、相手のペースに合わせつつ、問いかけをはさみながら対話を続けるのです。

3 悩みを追体験する その気持ちを生んだストーリーを知る

どんな小説や映画でも、主人公などに感情移入できる作品は面白いものです。では、なぜ感情移入できるのでしょうか。それは、その主人公の気持ちを小説や映画のストーリーに沿って追体験しているからです。

例えば、ある少女が、瀕死《ひんし》の三毛の子猫を拾った物語があったとします。少女は、雨の中、一匹で震えている子猫を見つけます。顔を寄せると息も絶え絶えで苦しそうです。周りには誰もいません。子猫を助けてくれそうな人は誰もいないのです。

少女は子猫を抱いて一生懸命家に走って帰ります。お母さんに、焦る気持ちを抑えきれず、うわずる声で「子猫が、子猫が死にそうなの。助けて、助けてお母さん」と必死に訴えます。お母さんも夕食の仕度を中断して、バスタオルを持って子猫のもとに駆け寄ります。

少女は瀕死《ひんし》の子猫をバスタオルで包み、胸にしっかりと抱いて、お母さんと一緒に動物病院に駆け込みます。子猫の治療が始まりました。少女は手を胸の前で合わせて、祈る気持ちで回復するのを待っています。治療室のドアがバーンと開きました。動物病院の先生が笑顔で現れました。

そのとき、少女のお腹がグーッと鳴りました。治療が始まって3時間がたっていたのです。子猫は集中治療室の酸素室に入れられ、脚と腕に包帯が巻かれていますが、寝顔は安らかです。麻酔が効いているのでしょう。少女は、その顔をながめながら、酸素室の窓を開けて、そっと子猫の頭をなでました。子猫は寝ているにもかかわらず、優しい声で「ニャー」と鳴いたのです。それは「ありがとう」と言っているように聞こえました。

少女とお母さんは自宅に戻ります。しかし、少女の顔は冴《さ》えません。子猫の心配もありますが、自宅はアパートで猫を飼うことができないのです。少女は必死にお父さんにお願いします。「治るまででいいから、その間だけでも飼わせて、お願い」

お父さんも少女の必死のお願いに、大家さんに掛け合うことにしました。大家さんもしぶしぶ認めてくれました。お父さんは少女に言いました。「治るまでだけだぞ、その後は、飼ってくれる人を見つけて、その人にあげるんだぞ」

子猫は病院から少女のもとに戻ってきました。まだ包帯は取れていません。それでも、この前よりすごく元気そうです。少女はお小遣いをはたいて子猫用のキャットフードを買ってきて、専用のベッドも作り、名前もつけました。「ちいちゃん」です。「ちい」とは少女が、もっと小さい頃に呼ばれていたあだ名なのでした。

お母さんから、名前をつけると別れがつらくなるから止《や》めなさいと言われました。しかし、それでも、少女には自分の分身のように見える子猫に、自分の小さい頃と同じあだ名の名前をつけてしまったのです。少女は一人っ子でした。一匹で苦しんでいた子猫、それは自分なのです。少女が子猫の頭をなでながら「ちいちゃん」と呼ぶと、子猫のちいちゃんは「ニャー」と嬉《うれ》しそうに答えます。病院で頭をなでたときと同じです。

1ヶ月がたちました。子猫のちいちゃんもすっかり元気になりました。子猫が旅立つ日が迫ってきました。少女は自宅の周りや動物病院に飼い主募集のチラシを貼っていたのです。それを見た、一つ駅の向こうの若い夫婦が引き取ってくれることになりました。

若い夫婦が少女の自宅にやってきました。子猫を入れるキャリーバックを持っています。ちいちゃんとお別れの時が来ました。少女はちいちゃんを抱いてキャリーバックに入れます。そしてふさふさの三毛のちいちゃんの頭をなで、「ちいちゃん」と声をかけます。ちいちゃんは「ニャー」と嬉《うれ》しそうに鳴きました。少女から大粒の涙がこぼれました。「ちいちゃん、ちいちゃん、ちいちゃん」

あれから3年がたちました。少女は中学生になりました。今でも、三毛猫がいると、思わず駆け寄ってしまいます。そして、思わず頭をなでたくなります。しかし、猫は知らない人に頭をなでられるのはいやがるものです。

あるとき、三毛の子猫がいました。あの時のちいちゃんとそっくりです。そっと近寄り、「ちいちゃん」と優しく頭をなでました。子猫は嫌がるそぶりも見せず「ニャー」と鳴いたのです。少女は思わず、子猫を抱きしめ、大粒の涙を流しました。

少々長い物語でした。ただ、なぜ少女が最後に泣いたのか、その理由は、このストーリーを追体験しないとわかりません。逆に、少女が子猫を「ちいちゃん」と呼んで、なぜ泣いたのか、この物語を読んだ人であればきっとわかります。人の気持ちがわかるということも同じです。その人の気持ちが、今なぜ、そのような状態なのか、その悩みや思いに至った過程を追体験することでわかります。**人の気持ちに共感することとは、その気持ちを生んだ、その人のストーリーを知ることなのです。**

4 想像力を働かせて、相手の気持ちを理解する

人の気持ちをわかるには、想像力が必要です。人は、そのすべてを表現してくれるわけではありません。気持ちの一部だけを伝えます。そんなとき、相手の気持ちを理解するには、相手の気持ちを想像することが必要になります。

「Yさんは、大っ嫌いだ、殴ってやりたい」とAさんは言いました。そのとき、あなたは、なぜAさんは、Yさんを殴ってやりたいほど嫌いなのか、何があったんだろうか、とその発言の奥にあるAさんの怒り、痛みや悲しみを想像する必要があります。

もし、あなたが「Yさんは、悪い人ではないよ、殴ってやりたいなんて物騒だな」とAさんを注意する発言をしてしまったら、Aさんは自分の気持ちを否定されたと思って、それ以上、話をしてくれなくなることもあります。

他にも、もし、先生に、W君という生徒が「サッカーで、みんな僕にボールを回してくれないんだ」と相談してきたとき、先生が、〝W君は、みんなからいじめを受け

ていて、つらいんだ〟と想像できなければ、ピント外れな返答をしてしまいます。W君に「ボールを回してもらえるよう、もっとうまくなろうな」と指導してしまうか、サッカーの仲間に「みんな、W君にもボールを回そうな」と注意してしまうでしょう。しかし、それではW君の問題は解決しません。

W君のつらい気持ちを想像しながら、彼の話をもっと聴く必要があります。

現代は、若者をはじめ多くの人が、デジタルな環境に慣れてしまっています。そのため、心の問題も、ボタン一つで解決できるように錯覚する場合が多いのです。しかし、心は単純ではありません。そして、表に出た言葉だけが、気持ちのすべてを語っているわけではありません。しぐさや表情の一つ一つにその人の思いが表れているのです。だからこそ、相手の気持ちを想像することが必要なのです。ただし、邪推や思い込みはダメです。〝相手はこんな人だから、こう思っているに決まっている〟と決め付けてはいけません。

注意深く相手を観察し、さまざまにその人の気持ちを想像し、話を聴いていく。そういう姿勢が必要です。そして、できれば、名作といわれる古典の小説を読むことをおすすめします。その名作の行間を読み解く努力をしてください。その結果、あなたの想像力は格段に飛躍するでしょう。

インタビュー

常日頃から人の気持ちを感じる訓練をそれが自らのスキルを高め、事故を未然に防ぐ

東京・精神対話士K氏

人の気持ちがわかるためには、何げない日常にそのヒントが多くあると精神対話士のK氏は語ります。

「私自身、日常どういうスタンスで人と接し、人から話を聴き、そして伝えるのか、非常に神経を使っています。そういう積み重ねが、人の気持ちや意識を理解する糧になるものと考えています。

例えば、『もしもし』と電話をかけて、相手の方が出られた時の最初のひと声で、電話に出られた方が、どのような状況に置かれているのか、察します。電話に対してウエルカムなのかそうでないのか、そこに神経を研ぎ澄ますようになると、最初のひと声で相手の方の状況がだいたいわかるようになるのです。

こんな時間にかけてきて冗談じゃないって思っている、そのようなこともわかるようになります。このようなことがわかれば、今は全部を話さずにさわりだけ話して、

様子を尋ねた後、またかけ直したほうがいいなと判断もできます。

このような積み重ねが、人から信用されることにつながると思います。

もちろん、電話だけより、会って話す場合のほうが相手の情報を多く手に入れられます。会って話す場合、話す前の表情やしぐさなど、いろいろなことから相手の気持ちが伝わってきます。

そして第一印象を無視してはいけません。そこに感受性がないとその方との対話というのはうまくいかないと思います」

K氏は精神対話士ですが、元は会社の役員をしていたことがあります。そのため、精神対話士がクライアントと接するときのヒントが、ビジネスパーソンにも役に立つことが多いのです。実際、Kさんは、会社やビジネスパーソン向けの講演会に呼ばれることも多くあります。

「あなたが観察しているということは、相手もあなたを観察しているということを忘れてはいけません。自分自身の印象がどのように相手に伝わっているのか、見つめ直すことも大切です。あなたの最初の印象はどのようなものでしょうか。相手の方には非常に細やかに伝わる場合もあります。

相手の気持ちや意識と、あなたがどのように相手に伝わっているのかを日頃から意識した上で接するように努めてほしいと思います。そうでないと、いざクライアントと接したときに、相手を捉えることができなくなってしまいます。ビジネスでも同じだと、私は思います」

日常的に訓練する方法はいくらでもある

K氏は、そのような神経の使い方は日常のどのような場面でもできることを説明します。

「例えばスーパーのレジの店員さんに『お願いします』って言ったときに、レジの方のしぐさや表情を観察します。今日はとても忙しそうだとか、体調悪そうだとか、いつもよりテキパキしているとか、何となく伝わってくるその人の動きや表情から、その人の今の気持ちを読み取ろうと努力するのです。

他にも、混んでいる電車で、少し隙間があってつり革が一つ取れそうだというときがあるとします。そのようなとき、自分が取ろうとすると、両側にいる人が、なんでこんな狭いところに入ってきてという態度を、なんとなく感じてしまうことがあるでしょう。

そのような場合、空いているからと、ずかずか入っていくと、お互いに居心地が悪くなります。その状況を一瞬で察知できれば、空いている隙間に無理に入らずに、半歩引いてつかまることができれば、いやな空気は流れません。そうすれば、見ず知らずの人とも、スムーズにコミュニケーションがとれるようになるのです。

それは、家族であっても同じです。いろいろな場面で、いろいろな声や表情やしぐさから伝わってくるものがあるでしょうから、その感受性を大切にする必要があります。そのような訓練をしていないと、クライアントとお会いしたときに、肝心なことを見過ごしてしまうのです。クライアントが、今日は乗り気でないということを、表情や目線やしぐさで訴えているときに、それに気がつかないと話が進まないどころか感情を害されてしまいます。その害された感情を取り戻すのに、非常に時間がかかるということも多くありますし、結局取り戻せなかったということもあります。

基本のスキルなので、ぜひ修得してもらいたいと思いますし、それは日々の生活の中で養われるものでもあるのです。

最近は、学校でも会社でも自殺や事件を起こす人の話を多く聞きます。そのような事態に備えて、常日頃から、自らの学校や会社の人間模様がどうなっているのか、気を配っていることが求められ、そしてそのスキルを磨くことが大切なのです」

5 わかろうとする努力が大切 人には人を理解できる能力がある

人は百パーセント他人を理解することはできません。しかし限りなく相手の気持ちに近づいていくことはできます。

人は相手の気持ちを、相手が発する言葉やしぐさや表情を通じて、理解するために努力することができます。それこそが人のすばらしいところなのです。人には自分以外の人間を理解するために努力できる能力があるのです。

他の動物たちにもそのような能力があるかはわかりません。イルカやオランウータンには、相手の気持ちがわかる能力があるといわれています。もしかすると、彼らは人が気がついていない能力を持ち、仲間同士、心が通じ合っているのかもしれません。

しかし、残念なことに、人にはそこまでの能力はありません。超能力者はもしかすると、人の心が読めるのかもしれませんが、ほとんどの人には努力せずに相手の気持ちを理解できるような能力はありません。だからこそ、人は人を理解するために一生懸命努力するのです。

その努力が、人をして他人に感銘を与え、信頼を集めることになります。あなたのために、あなたを知るために私はここにいるのです、というメッセージが人と人とを結びつける絆《きずな》になるのです。

精神対話士の仕事は、限りなく、人の言葉を聴き、共感し、心に寄り添うことです。そのために努力する存在です。

その人の言葉を聴き、その人の表情を見、その人のしぐさから何かをつかみ、それによって、その人にかける言葉を考え、あるいは沈黙し、あるいは傍に座り、寄り添っていく、そのような存在が精神対話士です。

縄文の時代、日本人は、火を囲んで、共に暮らしていました。戦前から戦後の高度経済成長期までは、人々は寄り添って、共に生きてきました。そこには、笑いがあり、自然に湧き出すコミュニケーションがあり、心通じ合う人と人の営みがありました。

しかし、現代は、多くの人が「自分は孤立」していると思うようになっています。だからこそ、**人は他人を理解するために、気持ちをわかるために、能力を活かす努力が必要であり、それをし続けることが大切なのです。**

6 上から目線では本音を聴けない相手にも秘めた能力があると考えてみよう

子どもであっても、学生であっても、社会人であっても、誰もが上から目線はいやなものです。

子どもの場合、親のしつけが非常に厳しく、あれをやってはいけない、これをやってはいけないと教育されると、萎縮した子どもになりがちです。そうなると、子どもが親に言いたいことがあっても、自分の殻に閉じこもってしまうようになります。

それは大人でも同じです。企業や団体で講演することの多い精神対話士のK氏は、嫌われる上司には共通点があると言います。

「私は、講演の最初に〝あなたの嫌いな上司はどんな人か〟とアンケートをとります。そのアンケートでいつもトップとなる嫌われる上司のタイプは、部下の話を聴かない人です。そして、そのような上司のほとんどが、上から目線で部下を見ている人なのです」

上から目線で部下や相手を見ている人は、自分に自信があるだけに、人の意見を聴きません。成功者や実績の高い人がそうなりがちです。「自分ができるのだから、君にもできるはずだ」となってしまいます。そのような上司にできない理由を話しても、聴いてくれるどころか、「言い訳ばかり」と怒られることになりかねません。そのような上司にまともな本音を話す部下はいません。

すべての人があなたと同じ能力であるとは限りません。一方、その人はあなたにない能力を秘めているかもしれません。

そのように考えることができたなら、自分の意見を押し付けたり、自分の思うがままに相手を動かそうとは考えないはずです。どのような人でも、どのような部下でも、自分にはない能力を持っているものだと考えてみましょう。

上司であれば、会社の方針がありますから、時には、強制的に仕事を推し進めることもあるでしょう。しかし、それでも働くのは人間たる部下です。その部下にも気持ちはあります。その部下が気持ちよく働いてくれなければ、仕事の成果はあがりません。たとえそのときはよくても、いずれ破綻に結び付くことさえあり得ます。

もちろん、**仕事に限らず、すべての場面で、相手の話を上から目線で聴いてはいけません。相手の能力を認めれば、相手から聴くべきことは多くあるものなのです。**

インタビュー

住職が精神対話士になる意味
対等の立場で人の話を聴きたい

東京・精神対話士T氏

精神対話士は、報酬を得てクライアントと対話をするわけですが、別に本職や仕事を持っている人も多くおられます。リタイア（定年）した人や主婦もいますし、飲食店の女将《おかみ》さんだったり、会社の経営者であったり、さまざまな職業の方がいます。なかには、銀座の高級クラブのナンバーワンホステスで「メンタルケア・スペシャリスト養成講座」を受講した女性もいます。

「ホステスで精神対話士の資格を取りたいと願っている人はいるわ。私のように資格を持っていないまでも、勉強をしている人は多いのよ。クラブのホステスは接待業というけれど、メインはお客さんのお話を聴くことなの。

お客さんは、仕事の疲れを癒やしにきたり、愚痴を言ったり、自慢話をしたりするわ。もちろん、女性目当てでこられる方もいらっしゃるけれど、風俗ではないから、メインはお話なのよ。

しっかり話を聴いてくれるホステスは人気が高いの。容姿がいいとか、色気があるとか、話題が豊富とか、そんなことは、本当は瑣末《さまつ》なこと。身を入れて話を聴いてくれるホステスに一番リピーターが多いのよ。だから、人の話を聴くことができないホステスは、ホステス失格。

お客さんに傾聴、共感、受容できるホステスは、最高のホステスね」

このように銀座のナンバーワンホステスは語っています。

東京で活動する精神対話士のT氏の本職は、住職です。言われてみれば、そうかなという雰囲気は醸し出しています。しかし、ホステスと違って、住職は、信者に説教する（諭す）人というイメージがあります。なぜ〝聴く〟ことがメインの仕事である精神対話士を志したのでしょうか。

「私、ちょうど平成元年（１９８９）に住職に就任したのです。当時から、一般的にお寺は新しいことを始めるのに消極的でした。何か起こるのを待っているだけのような存在だと、私には思えたのです。であれば、もっと積極的に、人の心にかかわる時間を、（住職という）肩書を外してどこかもう一つ持つべきだと思っていたのです。できればターミナルケア的な、病院に入院されている方で、死を意識する立場の方々と接することのできる時間を持つことができたらいいなと思っていました。

私の資格証ナンバーは1から始まります。1は第1期生を意味するのですが、新聞で精神対話士を募集していることを見ました。医師の方々が立ち上げた組織で、さらに、今までにない、クライアントの思いの丈を傾聴し、共感し、受容していくということを知って、すぐに応募しました」

父性が欠如している現代の人々

住職と精神対話士にはクロスするところはあるのでしょうか。

「当然あります。お寺の住職として、例えば独り暮らしのお年寄りのところを訪問して、お話を聴くこともあります。しかし、私は住職ですから、訪問先の皆さんは気を使って丁寧に対応してくださいます。そこには、やはり気持ちの上で上下関係があるのです。

だからこそ、そういう立場ではなくて、一兵卒というか、一人の普通の人間として、一つの組織（メンタルケア協会）の中で働くということも、経験として大事ではないかと思います。精神対話士であるからこそ、クライアントと同じ立場であるからこそ、偽りのない人の心の勉強ができると思うのです。やはり住職に対して人は気をつかってしまいますから。

もちろん、精神対話士と住職の仕事はきっぱりと分けています。気持ちの切り替えもスムーズにできるほうですから、気持ち的にも線引きをしています。住職という気持ちのままクライアントに接したら、傾聴や共感はできませんから」

精神対話士としての仕事は、住職のT氏に何をもたらしているのでしょうか。

「さまざまな勉強をさせていただいています。最近は精神疾患をお持ちの方と対話する機会が多いのですが、その場合、精神病棟の奥深くまで訪問することがあります。住職の立場なら、仕事柄そのようなところへ入ることはまずないでしょう。そのような体験だけでなく、その方々の気持ちや思いを聴くことは、精神対話士でなかったら、まずなかったことです。非常に貴重な経験をさせていただいていると思います。

最近、私は、現代人に対して父性の欠如ということを強く感じています。母子家庭の家も増えていますし、核家族化して父親が自宅にいないケースも多くなっています。父性の欠如が引きこもりの根っこの一つになっているようにも感じます。きっと、このように感じるのも精神対話士になったおかげだと思います。

精神対話士は、クライアントの声に耳を傾け、共感し、クライアントの自立などを支援していく仕事でありますが、同時に、聴く側の私たちも、人間という存在、生きる意義について勉強させていただいているのです」

7 相手の気持ちを察知する「察知力」を磨く 相手の気持ちのサインを見逃さない！

Uさんは東京の郊外にある病院で精神対話士として、多くの患者さんや患者さんの家族をクライアントとして受け持ち、活動しています。そのUさんに仕事の依頼をしているのは患者さんたちではなく、病院なのです。病院としては、患者さんの悩みに理解を示し、心に寄り添って話を聴くことが、患者さんの病状の改善に効果があると考えています。しかし、患者さんみずからが対話を望んでいるケースが多いわけではないので、患者さんのなかには、「なぜ、あなたと対話をしなくてはいけないの？」と、怪訝《けげん》そうな顔をされる方もいるそうです。

そのUさんが常に気をつけていることが察知力です。

察知力とは、相手の気持ちを察知する力のこと。対話の相手が、常に対話を望んでいるわけではないので、まず、相手が対話を望んでいるか、そうでないかを確認することから仕事は始まります。

「病院の依頼で、患者の方の心のケアのため、お話をお伺いしている精神対話士のUと申します」という会話からスタートします。「何か困りごとや、お悩みがありますか」という言葉もかけます。

患者さんの中には、〝待ってました〟とばかりに病状について相談をする方もいます。もちろんUさんは医者ではありませんから、診断や処方をすることができません。しかし、先生と呼ばれる医者には、なかなか言いづらいことも、同じ目線の精神対話士には話せることも多いのです。

しかし、Uさんは、ある患者さんから、病状のこととか家族のことを流暢《りゅうちょう》に話されながらも、最後に「もうお話はこんなところでよろしいでしょうか」と言われたことがありました。Uさんはショックだったそうです。その患者さんは、病院からの派遣だから、義務的に話していたのです。

一方で、何度か病室に顔を出しても、そっけない素振りだった高齢の患者さんが、突然、堰《せき》を切ったように話しはじめたこともあったそうです。その方は、はじめ、いつもと同じように、ベッドの上で、上半身を起こし視線は下を向いていました。ただ、Uさんは何となくいつもと感じが違うことに気がつきました。そのため、少しその場にいたそうです。

その方は、その後、自宅に帰っても一人きりであることや、一人きりだから自宅で症状が悪化したときのことを考えると不安であるということを、話し始めたそうです。

人は時として自分の気持ちのサインを出しているものです。流暢に話していても、体が精神対話士から離れていったり、逆に、視線が下でも、「あの～」と小声で話そうとしているときは、それがサインであるということを見逃さないことです。それが察知力です。

人それぞれ話し方にも癖があります。その癖をつかんだうえで、その変化を感じることが察知力です。その察知力を磨くことも、その人の気持ちを理解する第一歩になるのです。

8 非言語的メッセージで相手の気持ちを知る

人のコミュニケーションの6割以上は言葉ではないコミュニケーション、非言語的コミュニケーションで行われているといわれます。

人は、多くのコミュニケーションを言葉ではなく言葉以外でしていることになります。ですから、相手から送られてくる、この非言語的コミュニケーションによるメッセージが理解できないと、相手の気持ちはわかりません。

非言語的メッセージとは、「身ぶりや手ぶり」「表情や姿勢」「外観」そして、「声の大きさやトーン、話すスピード」などのことです。

みなさんも、物の大きさや形を説明するときに、手を広げたり、指などで形を表すことがあると思います。親指と人さし指で輪っかを作って、「こんなに大きな腫瘍が胃にできちゃったんだよ」と説明したりします。このような表現が「身ぶりや手ぶり」です。

また、人は興奮してくると手や腕の動きが激しくなったり、イライラしてくると貧乏ゆすりが始まったりします。このような動きから相手の気持ちを読み取るのです。

「表情や姿勢」は特に感情を表しています。興奮して目が釣り上がったり、悔しくて歯を食いしばったり、逆に嬉《うれ》しいときは、にこやかになります。姿勢も、興味がある話のときは前のめりになり、気のない会話のときは体が反り気味になります。

「外観」も大切です。きちっと髪型を整えていたり、化粧をしていれば、あなたに対してフォーマルな関係と見ているでしょうし、逆にラフならば、親しみを感じているからでしょう。また、清潔かどうかで、きちっとした性格かどうかがわかります。

「声の大きさやトーン、話すスピード」も大切です。もともと声が大きかったり、トーンが高かったり、話すスピードが速い人はいます。しかし、話している最中に声が大きくなるのは興奮したり、特に強く伝えたいところだったりします。逆に声が小さくなったり、小さい声で話すのは、自信がないときが多いのです。

トーンが高くなるのも、話すスピードが速くなるのも興奮しているときですが、声のトーンが高くなるのは驚いたときなどにもなりやすく、声のトーンが低いときは、落ち着いているときです。

話すスピードが速くなるのは、焦っているとき、早く説明しなければならないときです。気持ちが乗っているときも話すスピードは速くなります。遅くなるのは、考えて言葉を選ぼうとしていたり、特に強調しておきたいときにわざと遅くして説明したりします。疲れていても、話す言葉が遅くなります。

まだまだ、いろいろなケースがあると思いますが、相手の「身ぶりや手ぶり」や「表情や姿勢」、さらに「外観」や「声の大きさやトーン、話すスピード」に注意して、相手の気持ちを推し量ってみましょう。

インタビュー

病院での精神対話士の仕事
心に残る2人の女性との対話

東京・精神対話士Uさん

「察知力」のところでも触れた精神対話士のUさんは、病院からの依頼で患者さんや患者さんのご家族との対話を仕事としています。すでに12年間にわたって、毎週その病院に通っています。

病院から紹介される患者さんはさまざまで、「近々手術があるから、あの患者さんのところへ行ってください」とか、「あの患者さんは不安が強いから、話を聴いてほしい」とか、逆に「あの人はおしゃべり好きだから、お相手をしてください」など、重大な問題を抱えている方から、家族がいなくてさびしい方など、いろいろな方を紹介されます。病状も軽い方から、重い方までさまざまです。

病院が精神対話士に対話を依頼する理由は大きく2つあります。一つは患者さんと病院をつなぐ役目、もう一つは、医師、看護師などは患者の身体をケアするのに対して、精神対話士は患者さんの心をケアするという役割です。

患者と病院をつなぐというのは、医師、看護師などはあくまで治療する人ですので、患者からは遠慮があって言えない場合があります。それを聴いて伝えるというようなことです。ただし、守秘義務がありますから、患者さんから伝えてもいいと確認できたものだけを伝えます。

もちろん、「察知力」のところで述べたように、患者本人からの依頼ではないので、話をしてくれる方もいれば、そうでない方もいます。

そのため、Uさんは、

「『体の状態はいかがですか？』と声をかけ、『病院のスタッフで、少しずつお話をお伺いしているのです』と伝え、安心していただいてから対話を始めます。

患者さんのお話しになることは、まず、病状のことです。そして、その次にたいていは、入院に至る経緯をお話しになります。『1ヶ月前に胸に痛みが走って』とか、『1週間前に痛みがひどくなって、いくつか病院を調べて、ここにたどり着いた』とか、そのようなことをお話しになります。でも、それって事柄のことなのです」

相手の気持ちをつかんで話すと相手の話が変わる

「患者さんが事象を言っているときに、私は『それはさぞびっくりしたでしょう』とか、『痛みがひどくなってショックだったでしょう』と気持ちの部分の問いかけをします。すると患者さんは自分の気持ちを語るようになるのです。そうなると、次は家庭のこと、家族のこと、そして今までの自分の歴史も語っていただけるようになります」

Uさんはこの12年間で、1000人以上の方と、この病院で対話をしています。その中でも特に印象に残っている2人の女性がいます。

「内一人の患者さんは、お年寄りの女性ですが、『今はとても幸せです』と話されるのです。最近亡くなった旦那さんから、今までDVを受けていてつらかったと。それがなくなって、今は子どもたちの世話を受けているけれど、みんな優しくしてくれるから『今が一番幸せなのです』と言うのです。

ただ、こんなことは亡くなった旦那さんに失礼だから、誰にも言えなかったと、『本当に聴いてくれてありがとう』と言われたのです。

これは成功例といえるでしょうが、もう一つ心に残っている患者さんがいます。

すでに亡くなった方なのですが、なくなる1ヶ月前に、体調が悪くなりかけていた頃です。突然、『Uさんが亡くなったらお葬式行きますね』と言われたのです。私は意味がわからず〝えっ〟と驚き、ドキッとしました。

そのような場合は、〝私も行きますね〟と軽く冗談めかして言えばよかったのかもしれませんが、その方の体調を考えると冗談ではすみません。お葬式の話をしてくれるほど、私のことを近くに感じてくれているのだという思いはありましたが、私は『ありがとうございます』と言って、すぐに話題を変えてしまったのです。

その後、その方の症状が悪化して、日に日に弱っていきました。病室を訪ねても、ベッドで布団から上半身を起こしていても、顔を下に向けていかにも苦しそうです。『いかがですか？』と声をかけても返事はありません。

その後2、3度病室を訪ねましたが、状況は変わりません。そしてその方は亡くなられたのです。

いま思い出しても、あのときどうすればよかったのか、答えはありません。もっと同じ時間を過ごしてさしあげればよかったのか、そしてもう少し気持ちをお伺いすればよかったのか、それとも、あれでよかったのか、わかりません」

対話に答えはありません。だからこそ、人は、もっともっと相手を理解しようと傾聴に努めるのです。もし、答えを探すとしたら、それが答えになるのかもしれません。

9 相手を知るために、言葉の裏側にある意味を知る

人は自分の本心をなかなか明かさないものです。それは、相手への警戒もありますが、人は、もともとストレートに気持ちを表現するということに対して、抑制的だからです。自分のことを考えてみればわかると思います。

友達からおいしいお店と紹介された料理店なのに、料理がおいしくなかった場合でも、友達から、「おいしかった？」と聞かれたら、「おいしくなかった」と答える人はまずいないでしょう。おいしくなくても「おいしかったよ」と答える人がほとんどのはずです。

また、医者にかかって、いろいろ説明を受けた後に、医者から「わかりましたか」と聞かれて、何を説明されたかチンプンカンプンでも、「はい、わかりました」と答えてしまうケースがあると思います。

話すとき、ほとんどの人が、相手のことに気を使って話をします。また、少なくと

も、自分のことを悪く思われたくないという気持ちが働きます。聴（聞）く側としてもわかりませんでしたとは言いづらいのです。名医といわれる方の多くは、相手が理解しているか、そのつど確認しつつ病状を説明するそうです。

人は本音をストレートに話すということはなかなかないのです。しかし、そのような会話の中でも、その言葉の裏側に本音が隠れていることがあります。

「伝票ミスでさあ、品物が違うところに届いて、わざわざ横浜から静岡まで品物を届けに行ったよ」

そのような営業部の同僚の言葉に、「ミスするからだよ」と言ったら、喧嘩《けんか》になるかもしれません。同僚は「わざわざ横浜から静岡まで届けに行った」苦労をわかってほしいからです。

このような場合は「大変だったね」と共感を示すのが大切です。そうすれば、同僚も、気持ちを代弁してくれたことにすっきりし、

「伝票ミスしたのは、倉庫の連中だよ。俺はその尻拭いをしたんだよ」と答えてくれます。そして、あなたが、

「お前も相変わらず、すごいなあ、さすがだなあ」

と、相手を評価する言葉を加えると、同僚も話してよかったと思い、あなたへの信

頼が増すでしょう。

このような場合もあります。眠そうな目をこすりながら、部下が、

「係長、レポートできました」

とかなりの枚数のレポートを提出してきました。そのとき、係長が、

「そうか、後で見ておくよ」

とレポートを処理ボックスの上にポンと置いたら、その部下はがっくりきます。逆に、

「そうか、大変だったね。昨日は遅かったのか。後でじっくり読ませてもらうよ」

と声をかけてレポートを処理ボックスの上に置いたら、眠くて、ダウンしそうな気持ちも、やってよかったという達成感がわいてきます。部下にとっては、頑張って大変だった気持ちをわかってもらえたという満足感もあります。

言葉の裏側にある気持ちをつかむためには、話し手の置かれている状況や、表情、しぐさなど、言葉だけでない、その人の非言語的メッセージや、その人の思考の癖、思考フレームを理解しておくと、よりつかみやすくなります。

あなたの妻が「隣の奥さん、日光に行ったってお土産いただいたの、湯波よ。紅葉がきれいだったって。温泉もよかったそうよ」と言ったとします。あなたはどう感じ

るでしょうか。

あなたの妻は「湯波がおいしそうだから、すぐ食べよう」と言っているのか、それとも「日光に行きたい」「旅行に行きたい」と言っているのか。それは、その時の状況、言葉の強弱、雰囲気でわかると思います。妻なら、なんとなく考えそうなことはわかるからです。

同じように、知っている人の場合は、言葉の端々から、言葉の裏側にあるものが、なんとなくわかります。しかし、まったく知らない人の場合は、それの捉え方を間違えることがあります。また、先入観があると同じく間違えやすくなります。

まず、相手をよく観察し、相手の思考フレームをつかみ、相手の言葉をよく聴くことです。そして、言葉も含めて全体から気持ちを察することが必要です。

10 「うらやましい」に隠された相手のコンプレックスに気づこう

「いいよねえ、いい大学出て、頭いいわけだ」、「何でもそつなくこなせて、うらやましいよ」、「あなたみたいに綺麗《きれい》じゃないもん、もてないわよ」……。

こんなふうに、友達や同僚から言われたことはないでしょうか。こんなことを言われると素直に受け止められないこともあるでしょう。いい大学だって、高校時代に夏休みも返上して勉強して入ったのだし、そつないと言われても、いつも一生懸命がんばって対処した結果だし、綺麗じゃないといっても、むしろあなたのほうがスレンダーだし、と思ったりします。

しかし、こんなカチンと来る言葉にも相手の気持ちが表れています。カチンと来た自分自身の怒りにとらわれていると、相手の気持ちを見逃してしまいます。

「頭いい」という言葉には学歴コンプレックスが、「そつなく」という言葉にはなかなか仕事がうまくいかない自信のなさが、そして「もてないわよ」という言葉には、自分の容姿への不満があったりします。

「うらやましい」に代表される、これらの批判や皮肉を含む言葉には、言葉を発する人のコンプレックスが含まれているのです。それもナイーブな気持ちです。真正面から言えない気持ちなのです。それを見逃してはいけません。精神対話士も、このような言葉をクライアントから投げかけられたら、その言葉の裏にある気持ちを考えます。

もし、あなたが、このような言葉を投げかけられたら、なぜ、相手はそのように思うのか、その人の気持ちを考え質問してみるのです。

「え〜〜、君はTOEIC700点超えてたじゃん。僕は450点だよ。恥ずかしくて君にしか言えないけど、こんどどんな英語のテキスト使っているのか教えてよ。ところで、僕のどこが頭がいいと思うの？」とか、

「そういえば、係長がさ、君のやったプロジェクト褒めてたよ。俺に『君のこと見習いなさい』ってさ。そんな俺のどこがうらやましいの？」とか、

「あなただって、スレンダーじゃない！　みんなうらやましいって言ってるよ。どんなダイエットやっているか気になっているみたい。私って50キロ超えているのよ。ぜんぜんもてないんだから。どこが、もてるように見えるのかなあ？」とか。

相手はコンプレックスがありますから、褒めながらのほうが効果的でしょう。

11 人は悪口を言って、心のバランスをとっている

人の悪口を聞くのは気持ちいいものではありません。しかし、人はついつい他人の悪口を言いたくなるものなのです。なかには、なんでもかんでも悪く批評し、身近にいる人だけでなく、テレビに出ている人に対してさえも、「この人は何もわかっていない！」「何も知らないくせに、口からでまかせを言っているだけ」などと悪態をつく人さえいます。

友達に対しても、「あいつは俺の業績に嫉妬しているんだ」とか、「挨拶もしてくれなかった」などと、悪口を言います。このような友達に対する悪口は、思春期の子どもに多くあります。特に友達同士の会話の中で、他の友達に対して、あいつは口の利き方が生意気だとか、性格が暗いとか、否定的な評価を下します。

なぜ、その人は、このような、他人が聞いていて耳をふさぎたくなるようなことを言うのでしょうか。その人はどんな気持ちなのでしょうか。

それは、自分に自信がないからなのです。特に思春期の子どもは、まだ自分に自信が持てるほど成長していません。また、そのような実績もありません。だからこそ、相手を貶《おとし》めて、自分を正当化するのです。悪口は自分の自信のなさの裏返しなのです。

その人は悪口を言うことで、心のバランスをとっているのです。大人も同じです。悪口を言うことはよくないとわかっていても、どうしようもないことなのです。

しかし、**自分自身に自信がつけば、自然と悪口の量も減っていきます。もし、友達や知人、そして精神対話士の方であれば、クライアントが悪口を言っていたら、じっくり聴いてあげましょう。**そうすることで、その人はすっきりもし、その人にとって自分をわかってくれる人ができたという自信にもつながっていきます。

悪口を言う人に対して、「ちょっと言いすぎではないか」、「○○君もいいところがあるよ」などと、注意するようなことを言えば、倍になって反論が返ってくるか、または、注意した人を無視するでしょう。

周りに誰も味方がいない場合、人は自分で自分を守るため、自らを正当化します。注意されたことを認めてしまったら、ひどい自己嫌悪に陥りますし、それを自分一人で耐えなければなりません。でも、周りに一人でもわかってくれる人がいれば、そのようなこともなくなっていくのです。

12 相手の気持ちがわかることと、肯定することとは違う

相手の気持ちに共感すると涙を流すこともあります。しかし、涙を流しながらも、精神対話士はもう一人の自分の目を忘れてはいけません。もう一人の自分の目とは、涙を流している自分を、もう一人の自分が、見つめているということです。イメージで言えば、クライアントと対話している自分を、もう一人の自分が上から見つめ対話を聴いているようなものです。即《すなわ》ち意識の中で自分自身を二重化するのです。

このように涙を流している自分を、一方では客観視することによって、クライアントの気持ちに引きずられすぎないように注意します。クライアントの気持ちに引きずられすぎると、逆に相手の気持ちがわからなくなってしまうことがあります。常に、もう一人の自分を用意しておくべきです。

さらに、**クライアントが社会的に不適切なことを言ったときは、気持ちに共感しつつも、その言葉をそのまま受け入れてはいけません。**一方精神対話士は、クライアン

トが非現実的なことを言ったとしても、それを頭から否定したり非難したりすることはしません。肯定的な応対も必要となることがあります。

しかし、「先生に天罰を加えたい」などという言葉を肯定することはできません。特に、中高校生からは、そのような過激な言葉が出るケースが多いのです。

精神対話士は、その場合は「なぜ、天罰を加えたいと思ったの」などとその生徒に、自分の気持ちを整理することのできる言葉を投げかけます。

そこで、その生徒は、他の生徒からいじめを受けていて、それを先生は知っていても何もしてくれなかった、すごく悔しいと、自分の気持ちを話し始めます。その気持ちには痛いほど共感できます。

しかし、「天罰を加えたい」という行動は認められず、それに同調してはいけないのです。中高校生の場合、そのような言葉を投げかけて、やっていいことと悪いことの基準を探しているからです。

多くのクライアントは、「天罰を加えたい」というような過激な言葉を発した後、逆に冷静になっているケースも多いのです。一度、思いの丈を話した後、みずからの気持ちを整理させてくれるような言葉が返って来たら、自ら《おのずか》冷静な気持ちに立ち直ることができるようになることが多いのです。

13 自然なタッチングが相手の心を解きほぐす

人は触れ合いを求めます。子どもはお母さんやお父さんと手をつないでいると安心します。それは動物も同じです。象の親子は常に鼻を絡ませています。母猫は子猫をいつも舐《な》めています。スキンシップは人間をはじめ動物たちの愛情表現であり安心を呼び覚ますものなのです。

ビジネスでも商談が成立したときなど、握手を交わすとよりお互いの満足感が高まって、信頼も高まります。また、交渉がうまくいった部下の肩を軽くたたいて「よくやった」と声をかけると、部下も達成感をより強く持ちます。

精神対話士も自然なタッチをすることがあります。基本はクライアントの話を聴くことですが、不安の強い人には、肩にそっと触れることで、安心感を与えることができます。とても気がかりなことがある人にも、同じような効果があります。

また、女性同士の場合、両手を握ってあげることで安心をもたらしますし、心を解きほぐします。男性同士でも、対話の終わりに握手をすると、連帯感が生まれることがあります。

もちろん、異性間でのタッチは避けるべきです。思わぬトラブルになることがあるからです。

また、わざとらしく、なれなれしいタッチもよくありません。自然な流れの中で、行うことが効果的です。無理にタッチをしようとする必要はありません。相手の話を傾聴することが基本ですから、タッチは状況次第で行うべきなのです。

なかには、体に触れられるのを嫌がる人もいます。あまりボディタッチに慣れていない人の場合、触れられただけでビクッとして、それだけで不快を感じるでしょう。そのような人の場合は、タッチは避けるべきです。

信頼感が生まれての、自然なタッチは心をホッとさせてくれます。相手の反応を見ながら、効果的に使うといいでしょう。

病院での対話

86歳のMさんとの手と手の対話

精神対話士Yさん

私がMさん（女性）と出会ったのは、2003年の10月でした。それから訪問を続けて5年5ヶ月がたった春まだ浅い2009年の2月、Mさんは天国へと旅立って行かれました。86歳でした。

深い感謝と尊敬の念でMさんを思い出しています。

○初めてお会いした日

Mさんは病院に入院されていました。高血圧で、認知症があり、脳梗塞の後遺症で足が少し不自由でした。ご親族がお一人いらっしゃいますが、遠距離のため、Mさんを訪れることはほとんどない状態でした。病院の話では、Mさんはいつも落ち着かれずにいて、時には支離滅裂な状態になることもあるとのことでした。

はじめにお会いした印象は、無表情で、気難しそうなお顔をされていました。

私が帰るまでじっと私の姿を見ていらっしゃったことを思い出します。

○手であいづちを打つ

8回目の対話に伺ったときのことでした。

Mさんより、「今日は用事があるから、都合が悪い。どうぞお帰りください」と言われました。どなたか尋ねて来られるとおっしゃり、少し涙ぐまれているように見えました。私は、何度も何度もそうおっしゃるので、「そうですか……。じゃあ、今日は失礼します。また来週来ますね」と言ってその場を離れました。

病院に尋ねると、今日は面会の予定はないとのことでした。

「最近、認知症が進んできているようです。しばらくしてからまたひと言、声をかけてみたら？」と、病院の方は心配している私にアドバイスしてくださいました。

私は時間をおいて再びMさんのもとへ行き、「また来ますね！」と明るく声をかけました。「お願いします」とMさんは前向きに答えてくださいました。

このことがあってから、何かお話をしなければという私の気負いはなくなったように思います。Mさんに合わせて、寄り添うことを第一に心がけて対話をしました。Mさんが歩けば私も歩く、座られたら私も座ってお話しする……というように。

するとMさんは笑顔が増し、声にも元気が出てこられました。一緒に外を散歩したり、他の方たちともお話しされたり……。

ベッドにお休みになることも多かったのですが、最初のうちは、声をかけてお話ししたほうが良いのか、そのまま眠っていらっしゃるほうが良いのか迷いました。精神対話士指導票で、

・高齢の方には、その方だけのリズムがある。
・無理に起こさず、そっとしておく。
・安心してその人の前でゆっくり眠れることは信頼感の大きさを示している。

という内容のご指導をいただきました。

それからはお休みになっていても、そばにいると感じていただけることを考えました。

手を握ったり、さすったりすることで、お休みになっていても「私はここにいますよ。そばにいますよ」というメッセージを発することができます。

Mさんの手をさすると、いつも表情が緩んで柔らかくなられました。

そのようにしていると、Mさんも私の手を握り返したりなさいます。暑い日には、

手を重ねると暑いと考え、遠慮していると、手を探すように腕を伸ばされることもありました。

Mさんが強く握ってこられたら、私も強く握り返します。手を緩めたら、私も手を緩める……、まるでお話をしているみたいです。

Mさんが私の手を、指でトントントンと軽く叩《たた》かれれば、私もすぐにMさんの手を、指でトントントンと軽く叩《たた》いてあいづちを打ちます。手をぎゅっと握ってはなされないままお休みになることもありました。

Mさんとは手と手で、本当にたくさんお話をしました。

そんな対話を重ねてきた春浅い雨の日……。

Mさんは息を引き取られました。病院から連絡が入り、私はMさんのもとへ走りました。Mさんのお顔は、前日に私が話しかけたら、うっすらと目を明けて笑っていらっしゃった……と同じ……笑顔でした。

14 相手をリスペクトするところから受容は生まれてくる

病院からの依頼で、精神対話士として多くの患者さんとの対話をしているUさんは、ある時から、受容ということについて、新たな認識を持ったと言います。

「私の訪問している病院は皆さん同じパジャマを着ています。ですから、皆さん同じ患者さんたちとして、何の先入観も持たずに一人一人の方の〝素《す》の人間〟に向かい合うことができます。そうすると、一人一人の尊厳をすごく感じるのです。皆さんが大切に思えるのです。きっと高齢者の方が多いので、一人一人がさまざまな苦労をし、生き抜いてきたから、そのようなオーラを感じるのかもしれません。

そのように一人一人が大切だと思っていると感じた時、ああ、これが受容の前提になるんだと、実感したのです」

「受容」とは、「クライアントの気持ち、考えをそのまま（肯定的に）受け入れてさしあげることです」（『精神対話論』より）。Uさんも理論上は「受容」のことを理解していましたが、実感として感じたのは、相手に対して、この人は大切な人だと思っている自分を発見した時でした。

「もともと、人間には関心のあるほうでしたから、きっとそれまでも相手のことは大切に思っていたと思います。しかし、その大切に思っている心と『受容』が結びついていませんでした。それまでは、理論的にわかっているだけでした。

〝ラポール〟という心理学の用語があります。カウンセラー（精神対話士）とクライアントの間の心理的融和状態を表し、二人の間に、相互を信頼し合い、安心して自由に振る舞ったり、感情の交流を行える状態のことです。

相手を大切に思い、そしてクライアントが私のその気持ちを感じ取ってくれたとき、はじめて〝ラポール〟が成立し、『受容』ができるのだと思います」

Uさんが〝精神対話士の在り方〟について考察したレポートには以下のように書かれています。

「『相手を尊重し、大切に思う気持ち』。この気持ちが『受容』だと気づいたことにより、私の精神対話士としての〝在り方〟が明確になったように感じている」

相手に尊厳を感じ、そのことを相手も感じてくれたとき、受容は成立し、信頼関係はより深まっていくのです。

体験談

老人保健施設での対話
86歳が語る両親への感謝

精神対話士Ｉ氏

精神対話士として老人保健施設にお伺いするようになってから5年がたとうとしています。片道1時間半の道のりを通って続けた高齢者との対話活動も、延べ４９５名を超えました。

はじめて施設に伺った時、目にした光景が強く印象に残っています。それは午後のホール、陽《ひ》だまりの中でただ誰と語ることもなく佇《たたず》んでいるお年寄りたちの姿でした。その空間はまるで時間がとてもゆっくり流れているように感じました。それ以降、この陽だまりは、私のここでの原風景となったように思います。

「入所したばかりで元気がない方がいるので、ゆっくり話を聴いてあげてくださいませんか」

訪問早々に看護師のＹ主任から依頼されました。その方は、あまり周囲になじめず部屋にいることが多いといいます。さっそく部屋に伺いました。

Sさんは86歳の女性です。中国地方に生まれ育ち、その人生のほとんどを故郷で過ごされた方だそうです。10年前にご主人に先立たれてからは一人暮らしをされていましたが、よる年波に体もままならなくなり、長男が暮らすこの地に身を寄せ、そしてこの老健施設に入所されました。

長年住み慣れた土地を後にし家もそのまま残してきたSさんは、長男夫婦に厄介になることが申し訳なくて、とても心苦しく思っておられます。

お体のほうは高血圧症と脳梗塞の影響で手先の痺《しび》れがひどく、介添えなしでは食事も不自由な身です。

指先に力が入らず震えもあるため箸も持てない。スプーンでの食事もうまくいかない。そのため食事時の介助が欠かせない。他人にお世話になることへの気遣いが勝って、ここ数年食事もおいしく味わったことがないといいます。

入所間もない方の傍らにお伺いすると一気に話される方が多いのです。「なぜ自分はここに入れられたの？　どうして自分はこんな扱いを受けなければいけないの？」……。誰にも言えずに心に溜《た》まっていた気持ちがどっとあふれてくるのでしょう。

そういうときはただただお話を聴くことに心を傾けます。少し落ち着いた頃合いを見て、「今はこういう気持ちなのですね。〇〇さんはとても寂しい思いをされたのですね」と気持ちを確認するような言葉を返したり手を握ってさしあげると、ほっと安心されたような表情が見えてきます。

お会いした頃のSさんは、とても不安感と焦燥感が強く「いつまでここに居られるのですか？　ずっとここに居ることはできないのですか？」と何回も尋ねられました。でも最近のSさんのお話は、いつも生まれ育った故郷のこと、特に大切に育ててくれたご両親の思い出話を楽しそうに語られます。その話はまるでセピア色の古き良き時代の映画を見ているようです。聴いていてもその情景が心に浮かびます。とても暖かいお話です。

時々、Sさんのような90歳になろうかという方が、育てられたご両親への感謝の気持ちを表現されることに出会います。教えられることの多い瞬間です。

最近のSさんは「今日は先生に聴いてほしいことがあるんです」と声をかけてくださることも多くなりました。指先のリハビリで作ったブレスレットの話であったり、孫のことであったり……。残してきた家のことであったり、同室の人の噂《うわさ》話であったりします。

他愛のない話が多いけれど、時間がゆっくり過ぎるこの陽だまりの中では、そんな対話が存在することこそが、とても大切なことなのだと思います。

体験談

老人ホームでの対話
「敗北者」としての心の傷

精神対話士Nさん

私が訪問しているP老人ホームは、経済的にも裕福で、社会的地位も知的レベルも高い入居者の方々が多く、奥深いご自分の世界をお持ちで、画一的な人の輪の中に入ることへの拒否反応のある方も見受けられます。

心身ともに孤立化していく加齢現象の進行に伴い、他者との関わりをなくし、生きる喜びや活力を得ることはますます困難になっていきます。内面に抱えている寂しさや侘《わび》しさが膨らんでいきますと、何げないことに対しても過敏になり被害妄想的になることもやむを得ないことですが、クライアントにとっての「楽しい時」を少しでも味わい感じていただくことができましたら、孤独感や疎外感から抜け出せるのではないかと思います。

またクライアントと共に「楽しい時」を考え、それを実行するまでの過程も一緒に楽しむという想像力を育てていくことが、元気と明るさを取り戻していくことにつながるのではないかと考えております。そして、対話の中で、クライアントの気持ちに寄り添いながら、気持ちの整理をしていただき、心が軽く楽になるようなお話を交わしていくうちに、積極的で楽観的な気持ちになっていただけるように努めております。また、決まった曜日・時間にまいりますことが、安心感と期待感もお持ちいただけるようで、とかく平板になりがちの生活に外部からの空気を感じ取っていただけるようで、嬉《うれ》しく思っております。

そして、人間は誰でもそのつどその場面に応じて「役割」を演じているということです。例えば、ある男性の方が入院されているとしますと、医師にとっては患者、家族にとっては父であり夫であり病人です。社会的に見れば実業家、技術者、教師です。つまり、その方のアイデンティティーは何かということを考えながらお話ししていくということです。

さらに忘れてはならないことは、クライアントの過去における「役割」です。あるご高齢のA氏はかつて青春時代に生き別れた実母の思い出話では、ご自身は「息子」としてのお心そのままでした。

また社会的にも立派なC氏は、現役時代に仕事上で受けた心の傷を「敗北者」として受け止めておられました。愛《いと》しい家族だからこそ、そのことを何も話さずに長い間ご自身の胸の内に収めてこられたわけです。

「誰にも言ってこなかった……はじめてです」とつらかった過去を涙ながらに話されました。それをお話しになった直後、その方から心身の「こわばり」あるいは「しこり」がすーっと抜けていった情景が、目にはっきりと焼きついています。

プライバシーを守ってくれるという信頼感と、日常的な関わりのない外部の者だという安堵《あんど》感があったからこそ、心の内面をさらけ出して話されたのではないかと思います。

こうして、私たちとの「対話」により、心の奥底に置き去りにしてきた自分自身でも気づかない「こわばり」や「しこり」が穏やかに溶かされていくのではないかと思います。そのことはまた、ご自身が楽になられ元気になられるばかりでなく、当然のことながら周囲の方々との関わりも良い方向に向いていく効果を生むのではないかと信じています。

15 沈黙の重みを理解する 黙って寄り添うだけでも心は通じる

苦しみ、悩んでいる相手が、まったく話してくれないということがあります。私たちは、何とかしてあげたい、苦しみや悩みの重みを少しでも軽くしてあげたい、という気持ちを当然持ちます。しかし、相手はなかなか口を開いてくれません。

そんなとき、焦ってはいけません。もしかすると、相手は深い痛みの中で、まだ、語るべき言葉を見つけていないだけなのかもしれません。そのようなときに、無理に話題を作って話をしてもらおうとしても、相手は負担に感じるだけです。

また、そのような相手に、「さぞ悲しいのでしょう」「大変な苦しみだったのですね」と、相手の気持ちを決め付けてしまうような言い方も、相手に「この人、私のことをわかってくれてない」と思わせるだけになりかねません。

精神対話士のHさんは、以前、娘さんをなくされた時に、何も話せない苦しみの時期があったそうです。そのような中で、ある時、友達が、彼女に「悲しいね、苦しいね」と声をかけたそうです。しかし、その時、Hさんは、元気ではしゃぎまわって笑顔でいた娘さんを思い出していたのです。

悲しみもあったでしょう。苦しみもあったでしょう。しかし、その時は、かわいい娘の笑顔を思い出していたのです。人の気持ちは揺れ動くものなのです。

Hさんは、みずからの体験を書いた本の中で、このようなことを書いています。精神対話士になる前に書いた文です。

「もし、あなたの周囲に、事件や事故で家族を失った人たちがいて、どう声をかけていいか迷っているとしたら、まず、個人個人の苦しみを理解することから始めてください。その人の痛みは、その本人でなければわからないということを、理解したうえで声をかけてください。いえ、黙って寄り添ってくだされればいいのです。それが、私たち遺族へのいちばんの慰めになるのです」

あなたの前に沈黙の中にいる人がいたら、黙って寄り添ってあげてください。無理に話をさせるようなことはやめましょう。まだ、気持ちが言葉になっていないのです。

そして、「傍《そば》にいます。いつでも声をかけてくださいね」と声をかけて、静かに寄り添ってください。黙って寄り添うだけでも、あなたの心は通じ、相手は安心するものなのです。

体験談

引きこもりの中学3年生との対話

一言も話さなかったクライアント

精神対話士Rさん

私の担当するクライアントの多くは未成年の方です。なかでも不登校のクライアントが多く、そのほとんどのケースが引きこもりの子どもたちです。

この年代の子どもたちとの対話で難しいのは、対話が成立するまでに時間がかかるということです。私が経験した中で、最も時間がかかったのは中学3年生の女子のクライアントで、きちんとした対話ができるようになるまで11回（1回80分）もの時間を要しました。

その子は、仲間外れが原因で小学校のときに不登校になりました。4年近くも引きこもりが続いて、家族ともほとんど話をすることがなく、伝えたいことがあるときは母親だけに話をしていたそうです。

私がはじめて会ったとき、彼女は明らかに他人に対して強い警戒心を持っていました。私は、対話までに時間がかかるとすぐに悟りましたが、これまでの経験から、ただそばにいるだけでも安心感を与えられることを確信していたので、その子の場合も対話以外の方法で信頼関係を築くことに力を注ぐようにしました。

それから11回目の対話まで、一度も彼女と話すことはありませんでした。しかし、幸いなことに彼女の場合は、対話の時間になると、母親と一緒ではありましたが対面してくれました。母親と話しながら彼女に話題を振ったり、意見を聞いてみたりしました。彼女は答えてはくれませんが、少なくとも私が見守っていることを少しずつながら理解してもらえたようです。これが、完全に自分の部屋に引きこもり、まったく顔を見せてもらえないとなると、信頼関係を築くのが非常に困難になります。

そういうケースを考えれば、対話がしやすいクライアントだったのかもしれませんが、それでも4年間も外の世界を拒絶していたということは、重い事実でした。彼女は、時には児童相談所などの施設を尋ねたこともあったそうですが、そこで受けた心理相談は彼女にとっては大人への不信を招くものでしかなかったようです。1回目の対話のとき、彼女は下を向いているか、私をにらむかのどちらかでした。

そこで、私は、少しでも堅苦しい雰囲気をやわらげようと、彼女の信頼をいちばん得ている母親を交えながら、堅苦しくない空気を作り出すように気を配りました。それでも、最初は状況が進展するような出来事はなく、後で聞いた母親の話によれば、

5回目ぐらいまでは、母親が精神対話士の私について尋ねると、彼女は無視するか自分の部屋に戻ってしまったそうです。しかし2クール目（1クールは4回）が終わる8回目を前に母親が「続けて来てもらう？」と聞くと、「私はいやなんだけど、べつにお母さんがそうしたいならそうすれば」と答えてくれたそうです。

そして、9回目の対話に行くと、すでに彼女はリビングで座って待っていて、テーブルの上に自分の好きな本や雑誌を用意していたのです。それまでの彼女に比べれば、それは明らかに違った反応でした。彼女は私に何らかのサインをはっきりと送ってきたのです。

私は、彼女が自分の興味を少しでも人にわかってもらいたいのだと思い、その回から彼女と一緒にそれらの本を読んで語りかけるようにしました。それでも言葉は返してくれませんでしたが、彼女の心が少しずつ開かれていくのがわかりました。

10回目の対話の時でした。母親から彼女が絵を描くのが好きであることを伺ったのです。「そうなんだ！」と彼女に尋ねても無視されましたが、次の11回目の対話の時、私は色鉛筆と紙を持参し、一緒に絵を描いてみようと提案しました。

最初はにらみつけられましたが、やがて色鉛筆を握り無心に描き始めました。彼女の描いた絵はとても上手でした。私も彼女と一緒に絵を描き、私が一つの絵を描き終え、彼女に「見て。これ下手だよね」と見せると、「ウン」と言い返してくれました。私は思わず嬉《うれ》しくなりました。彼女と私との間で、はじめて対話のようなやりとりができたからです。1回目のときに比べれば大きな飛躍で、それまでの努力が報われた気持ちがしました。そして、私が彼女の絵を「うまいね」と褒めると、彼女の顔は笑顔になりました。

その11回目の80分はあっという間でした。私だけでなく、彼女もそう感じたようで、私が対話の時間が終わったことを彼女に告げると、ビックリした様子でした。私は楽しい時間を彼女と共に過ごせたことを確信しました。

それからの数回は対話らしい対話はやはりできませんでしたが、大切なことは貴重な80分という時間の中で心が交流する部分をいかに多くするかということです。そして、回が進むにつれ、その時間は確実に多くなっていると感じました。

精神対話士は、話をするだけが仕事ではありません。むしろ、心が通い合う時間が生まれれば、言葉はいらないのだと思います。クライアントが、その80分だけでも楽しく安心する時間を得ることができれば、そこから何かが始まるのだと思いますし、私はそう信じて、また彼女に会いに行きます。

16 焦らなくても「希望」はいつか絶対にやってくる

精神対話士の仕事は1回80分です。その間、クライアントの話を傾聴します。大切なクライアントのため、精神対話士は、対話の中で、成果を出したいと思います。もちろん、精神対話士に限らず、人は相談を受ければ「その人にとって何か有効なアドバイスをしてあげたい」と思うものです。

しかしながら成果を出すことにとらわれすぎての焦りは禁物です。人は自分のことは自分で決めるという自己決定力を持っています。が、それはいつ発揮されるかわかりません。今かもしれないし、1年後かもしれません。そのような成果を考えることより、聴くことが大切なのです。聴くこと自体に意味があるのです。あなたが、精神対話士でないとしても、友人などから相談を受けたら、聴くだけでいいのです。聴くだけでその友人は気持ちがすっきりします。聴いてもらうという行為自体に人の心をすっきりさせる効能があります。

しかし、精神対話士の場合、クライアントのなかには、ほとんど話さない方もいます。聴くプロが聴くことができないのは不安になります。また、話していたのに突然話が止まってしまうことがあります。その場合、焦ってはいけません。

ましてや、クライアントに話してほしいばかりに、クライアントの喜びそうな話題を振るということは、本末転倒です。

精神対話士のT氏は、引きこもりの方との対話を1000回近く行っています。その間、家に入れてもらえなかったり、家に入れてもらっても途中で対話が終わってしまったり、体調が悪いからと帰されたこともあります。

その方は、現在でも仕事に就くことができません。しかし、友達と旅行に行ったり、スポーツをすることができるようになったそうです。その間、1000回です。

焦ってはいけません。希望はあるのです。いや、聴くこと自体がすでに希望を現実に変えつつあることなのです。

17 本当のトラウマは消えないが、付き合えるようになる

「ああ、失敗した」と、夜中に目が覚めることはないでしょうか。もう取り返しのつかない過去の失敗や間違いを突然思い出すことはないでしょうか。自分にとっては、もう遠い過去のことなのに、何がきっかけかわかりませんが、突然、その時の心の痛みと共に後悔が蘇《よみがえ》ってきます。それは、失敗や間違いだけでなく、何かをなくした喪失感の時もあります。もう、元に戻らない、取り返せないものなのです。

人は誰もが、大なり小なり、そのようなトラウマを抱えています。そして、人はそのトラウマとうまく付き合っていくことが必要となるのです。トラウマが消えることはありません。心の片隅に静かに隠れているのです。

夫を亡くしたSさんは、それを「湿地帯」と表現していました。その湿地帯は、そのトラウマを引き起こした出来事の直後は、心全体を占めています。どこに行っても湿地帯から抜け出ることはできずにいるのです。

その湿地帯に足を取られ、もがき苦しむしかないのです。食事をしていても、テレビを見ていても、誰かと会話をしていても、常に湿地帯に身を置くような状態が続きます。しかし、時がたつにつれて、少しずつ湿地帯でないところがあることに気づきはじめます。

人は、その湿地帯でないところを踏み台に、湿地帯から足を抜き出し、前に進むのです。それこそが人間の強さなのでしょう。

人には乗り越えられる悩みと、乗り切るしかない苦しみがあります。心のモヤモヤを引き起こしている原因を解決できるのであれば、その原因を探り、乗り越えることができます。しかし、どうしようもない、元に戻らないものは、いつまでも心に残ってしまいます。だから、乗り切るしかないのです。

乗り切るしかない苦しみは、なかなか言葉にできません。言葉に出しても解決しないからです。今の自分の苦しみを再確認するだけですので、やりきれません。じっとしているしかありません。怪我《けが》をした動物のように自然に治るのを待つしかありません。しかし、誰かが心に寄り添ってくれていれば、自分を見捨てない人がいてくれれば、みずからを見捨てないで生きていけます。トラウマを抱えながらも、人はそこに希望を見いだすのです。

インタビュー

人は本能的に笑いたい気持ちは持っているもの どこかで一度は一緒に笑いたい

東京・精神対話士Sさん

2001年9月11日8時46分、アメリカ・ニューヨーク。世界貿易センタービルの北棟にアメリカン航空11便のジェット旅客機が突入、貿易センタービルは激しく炎上。そして、その17分後、同じく南棟にユナイテッド航空175便のジェット旅客機が突入、炎上。その南棟は9時59分に崩れるように倒壊、北棟もその約30分後に倒壊しました。

アメリカ同時多発テロ事件です。この時、ニューヨークの地に妻と2人の子どもを残して、一人の日本人銀行マンが犠牲になっています。

「東日本大震災のとき、その被災地を訪れて、思わず9・11のフラッシュバックが起こりました。世界貿易センタービルが崩壊した後の、あの瓦礫《がれき》の山の情景がまざまざとよみがえってきたのです。

あの時から10年もたっていたのに。

私は、その時フラッシュバックが起こった自分自身に驚いてしまいました」

9・11で夫を亡くした精神対話士のSさんは、もう忘れていたと思っていたあのテロ事件が、まだ心の片隅にあることを実感したといいます。

東北地方の太平洋側を襲った大津波は、まるで空爆の後のように、その地を瓦礫《がれき》の山と化しました。

空爆と違うのは、瓦礫の山の下には、沼地が広がっていたことです。海に戻りきれていない海水が、所々を湿地帯のように埋めていました。

Sさんは、その被災地に入り、精神対話のボランティア活動を行いました。ここにその当時の新聞記事があります。

「母親を津波で亡くした中年女性と話した。女性は（母親の死が）現実として受け止められず、遺影に手を合わせられないでいた。

助言や治療をするわけではない。うなずきながら聴いた。『おつらいですよね』。そっと一言だけかけた。口に出せないでいる胸の内を言葉にしてもらうのがすべて。『楽になりました』とお礼を言われた。肉親の突然の死に直面した被災者の姿は、過去の自分と重なる。だが、『あなたの気持ちが私には分かります』と安易に語りかけるつもりはない。自分の体験を話すべきかどうか、今も悩む」

このボランティア活動が、Sさんにとって精神対話士としての最初の活動でした。

相手との距離を縮めるユーモア

みずからつらい体験をし、つらい体験の話を聴く、心が沈んだりしないのでしょうか。

「共感し合って心が通じ合うためには、もちろんつらい部分も共感していきます。しかし、ただつらい、つらい、つらい……で、最後までつらいって、その感情を出しきった後に、ほんの少しでも、ホッとできる瞬間ができればいいなと感じています。

それが、私にとってユーモアです。

私自身、どんなに追い詰められても、どこかで少しでもユーモアというものを、持っていたいという気持ちがあります。もちろん、あからさまに冗談を言ったりするわけではありません。でも、どこかで一度は一緒に笑いたいという思いがあります。

多くの方も、本当に涙も流されますが、最後、少しスッキリされた時に、どこか温和な表情になられます。泣きたいし、訴えたい気持ちの一方で、でも笑いたいという欲求も絶対持っておられるものと思います。

私も、自分自身がつらかった時に、腫れ物に触られるみたいに接しられた時がありました。もちろん、皆さんの気持ちは大変ありがたいのですが、でも、意外と元気だったり、意外と普通に、面白いものを見て笑いたい時もあったのです。そういう時に、気を使われることが、逆につらかったのです。

以前、末期がんの方を訪問した時も、はじめは本当につらそうでした。でも、病室の壁には立派な車の写真がいっぱい貼ってあって、ご自身が写っている写真もありました。『あっ、すごいカッコいい車ですね』という問いかけから車の話がはじまり、その方はすごく車のお好きな方だったということがわかったのです。

言葉も聞き取りにくい力のない状態だったのですが、車の話になると身を乗り出して一生懸命にお話しされるのです。この車であそこへ行ったなどドライブの話もされました。

その時、私は、『もしかして、この車で彼女とドライブですか？』って聞くと、『いやいや』とややはにかみながらも、さらに『こっちの車では誰々と行った』と少し自慢げに話されたので、『いいですねえ』とツッコミを入れました。

すると、楽しそうに笑ってくださるのです。

私は人間の本能として、つらい時でも笑いたいという気持ちはどこかに持っているものだと感じています。つらい気持ちと相対して、笑いたいという気持ちもあるものだと思うのです」

〝自分はそそっかしいほうですから、そのそそっかしさを披露するだけでも、クライアントの方はクスッと笑ってくれます〟と話すSさん。思いやりを持ってのユーモアが、彼女の心にも余裕を作り、クライアントとの距離を縮める潤滑油になっているのです。

体験談

ＤＶ（ドメスティック・バイオレンス）被害者との対話

「こんなに安心して話ができるなんて思ってもみなかった」

精神対話士Ｆ氏

私はここ1年半ほどの期間、家庭内暴力（ＤＶ）の被害者との対話に協会より派遣されています。その派遣先や場所、事例等については、当然、対象者の安全を守る守秘義務のため公にすることはできません。そのため許される範囲内で私のこれまでの活動についての感想を述べさせていただきます。

私と対話する方々は夫や親族等からの尋常ならざる暴力の被害を心身に被っています。そのＤＶの描写は一見フィクションのように思えるほど陰惨です。が、それはこの社会で現実に起きている事実なのです。彼らはよく新聞紙上等で報道される残虐な事件に陥る一歩手前で、その地獄からみずから脱出するかあるいは救出された方々であります。

彼らの心身の傷痕は深いのです。多くの方々は大なり小なり心を病むことになります。アセスメント風に表現すればさまざまな病名がつけられているようです。そしてその治療を受けている方も多いのです。

対話当初は警戒心からか、素直に心を開いてくれない方が多くいらっしゃいます。こちらの様子をうかがっているとさえ感じ取れます。でも、何回かじっとその方のお話や態度に、心をそして耳を傾けているうちに次第に打ち解け、ご自身についての本当のことを語ってくれる方も出てきます。

私自身も当初はなぜこのような世の中の悲惨な闇の話に立ち会わなければならないのかと、ふと自分に疑問符を投げかけたりしたことも正直ありました。でも、その方たちとの対話を重ねていくうちに、私との対話の日を心待ちにしている、と告げられたりすることもあります。そのようなとき、私の心に感動の波が押し寄せてきます。心から嬉《うれ》しくなります。自分が仮に一時でもこの世の中で必要とされている存在であることに気づかされて……。

精神対話士は、治療的な対応はしません。ただひたすらに対話者の気持ち、心に触れ、そのお話に耳を傾けるのが役目といえます。その姿勢を心から続けていると、対話者側の気持ちに変化が生まれてきます。

何を話してもきちんと聴いてくれる人が目の前にいるということを、かつてあまり経験したことがないのだ、と言います。「こんなに安心して語れるなんて思ってもいなかった」とつぶやかれます。かつては言葉や態度、肉体的暴力の嵐に曝《さら》され、対話はほとんど成り立たなかったのだと言われます。

このような方々にとって、私たち精神対話士の役割は大きいとしばしば実感します。そして心が解《ほど》けてくるに伴い、なぜあのようなDV傾向のある相手を好きになってしまったのか、という自身の過去について思いを馳《は》せる方も出てきます。なぜあの相手に懐かしさ、馴染《なじ》みに似た感情を移してしまったのか、などについて自分なりの感覚に目覚めてくるのです。

多くは生育歴の中で、親や家族等からある種似たような言動を受けてきた体験の記憶が蘇《よみがえ》ってきます。このような自身の心への旅が始まれば、傷痕の疼《うず》きも次第に治まりはじめるようです。そして新しい旅路への気力も芽生えてきます。

私たち精神対話士が対話者に向けて何ら指示的な言葉がけをしないことによって、対話者に安心して自身の心の内をさらけ出せる気持ちが生まれてくると思われます。そしてそのような生き生きとした対話の渦の中から、対話者の心にずっと眠っていた生命の復元力が次第に目覚めはじめてくる気配を感じ取れることがあります。そのような根源的な力が賦活《ふかつ》してくる瞬間に出会う時、人間の生命の輝きと強さに圧倒されます。

あの苦難の中で、もしかすると病に倒れ果てたり、あるいはみずから命を絶ってしまうのではないか、と不安を掻《か》き立てられた人が、再び立ち上がっていく凜《りん》とした姿勢に触れた時、その感動を表す言葉が見当たりません。こちらのほうが大きな力を付与されたと感じます。

精神的につらい時もあったが、この対話の仕事を続けてきてよかったと心底思う瞬間でもあります。そしてその立ち上がっていった人とは二度とお会いすることはないでしょう。

私はたまたまご縁があってＤＶの被害を受けた方々との対話をさせていただいています。その対話の過程で私自身は彼らに何の相談役的な役割も治療的な役割も果たすことはしません。立場上、それをしてはいけないと思っています。ただ心から対話者の心の内と対話を続けています。でも、それは事実大変難しい役目でもあります。時に指示的に介入してしまいたい、との誘惑に駆られることもあります。

傾聴の姿勢を徹底して貫いていくことは、私のこれからの大切な課題でもあります。そのように自身を律していきたいと思います。またどんな方にも再び立ち上がり、蘇《よみがえ》っていける本来的生命力が深く秘められていることを信じていきたいと思います。

私はただその力が働きやすくなるために側《かたわら》でその方のお話に心と耳を傾ける存在で

あります。心の変化、復元していく力は、もともと対話者ご自身の中に確《しか》と秘められている、と思っています。

私の対話のその姿勢が、対話者の心の奥で眠り、萎《な》えていた根源的な復元力の目覚めに少しでもお役に立てればとても幸せだと思っている昨今です。

18 心も体も元気でいないと相手を理解できない不安定な心は相手に見抜かれる

精神対話士のT氏は、引きこもりや精神疾患をお持ちの方が主なクライアントです。そして、精神対話士の指導的立場にいるT氏は、精神対話士に向けた講演を行うことも多くあります。その講演の質疑応答で、多く受ける質問が以下のようなものです。

「生活上で、Tさんが一番気をつけていることは何ですか」

そのときにT氏は必ず次のように答えます。

「私が一番心がけていることは、常に自分が元気でいることです。それが私の責任だと考えています。日々、自分がしっかり元気でいられるよう管理しています。それは健康ということよりも、常に心が安定していることです。

不安定な心を、クライアントは必ず見抜きます。例えばプライベートで、何か問題を抱えていたり、家族のもめごとや喧嘩《けんか》をした後などは、自分の心の中にモヤモヤが残ります。そのような状態で行くと、すぐにクライアントに察知されます。それが一

番よくないことだと思います。そのような状態だと、クライアントに察知されるだけでなく、クライアントが苦しみ悩んでいる負のオーラを、自分自身が持って帰ってきてしまいます。負の循環になってしまうのです。

そうならないように、プライベートの時間をどのように過ごすかも精神対話士にとって大切なことだと考えています」

当然、T氏にも日常がありますから、常に元気でいることに努めていても、心を乱すことは起こります。そんなとき、T氏はどうしているのでしょうか。

「私は切り替えが上手だと思います。家を出たら、すぐに気持ちを切り替え、負の状態を引きずらないようにします。例えば音楽を聴いて気分を変えます。他にも、心が沈むようなことがあったら、自分のプライベートの時間を、とにかく自分の元気が出るような趣味や、運動をして、オフィシャルな時間に引きずらないようにしています」

人の話を集中して聴くということは、非常に体力も気力も必要になります。著名人のインタビューを数多くこなしている、ある編集者は言います。

「疲れていたり心に何か気になることがあると、一瞬、相手の話を聴き逃すことがあるんですよ。それがインタビューの核心だった場合は元に戻らないから大変です」

全身全霊で相手の話を聴き共感するためには、全身全霊になれる心が大切なのです。

19
特別講義

ケーススタディ
人の気持ちがわかる技術　職場にて

職場で部下や同僚から悩みを相談されたらどうすればいいのでしょうか。実際の対話形式で解説してみましょう。

《場面》
X市中心街にある中堅の食品問屋Y商事営業部昼休みの時間
《登場人物》
Aさん、Bさん＝入社3年目の男性営業部員
Cさん＝Aさん、Bさんの後輩男性社員
Mさん＝新人女子社員
F課長

ケーススタディ1

上司が部下の話を聴くケース

1）困った上司の場合

A「課長、ちょっとご相談があるのですが」

申し訳なさそうにF課長に申し出る。少し顔色がさえない。

F課長「何、相談だ？　今、部長に呼ばれて急いでいて時間なんてないんだ。君も新人社員じゃないんだから困ったことがあるなら自分で考えろ！　おーいMちゃん、これコピーしてくれ、3部、大至急だ！」

【このような場面はよくあるものですが、これでは部下はやる気も上司への信頼もなくしてしまいます】

2）よい上司の場合

A「課長、ちょっとご相談があるのですが」

申し訳なさそうにF課長に申し出る。少し顔色がさえない。

F課長「何、相談？　いやあ実は今部長に呼ばれて行かなくてはいけないんだ。そうだ、30分もあれば終わるだろうから、30分後に裏の喫茶店で会おう。軽く食事をしながら聴こうじゃないか」

Ａ「ありがとうございます」

【上司として部下の顔色を見て事の重大さを感じたら、今はダメでも、相談を受ける時間と場所を約束しましょう。それによりＡさんは安心します】

～30分後、裏の喫茶店で軽食をとりながら～

Ｆ課長「改まって何の相談かな」

Ａ「実は、お得意先のＺ社の仕入課長のことで」

Ｆ課長「課長はＫさんだったね。Ｋさんがどうしたの？」

Ａ「Ｋ課長から時々マージャンに誘われるのです」

Ｆ課長「マージャンかぁ、それで？」

Ａ「マージャンは私も好きですから、よいのですが、どうしても私が勝ってしまうのです」

Ｆ課長「君は強いんだね。勝負だから勝ってもいいだろう」

Ａ「履歴書にも書いたのですが、私は学生時代マージャン研究会のキャプテンで関東大会個人戦3位になりました。どうしても本気を出してしまうのです」

Ｆ課長「それでＫさん、何か言うのかい？」

Ａ「その時はニコニコしていますが、その後、必ず飲みに行くことになり、勝ったやつがおごれと言うのです」
Ｆ課長「それはまたひどいね。それで？」
Ａ「結局支払いは皆で割勘となるので助かりますが、その後の商談でチクチク言われ、結局、注文が他社へ回ってしまうのです」
Ｆ課長「そうか、それで先月の目標が未達だったのか。君らしくもないと思っていたのだが。オッ、もうこんな時間か。君も午後からお得意さん回りだね。今の話はよくわかった。どうしたらよいか私も考えてみる。そうだ、明日の金曜日の午後なら時間がとれるので、よかったら一緒に考えてみないか、ゆっくり話ができるだろう」
Ａ「ありがとうございます。ぜひ、お願いします」
【Ｆ課長はＡさんの言葉を繰り返し、「それで」などと次の言葉を促し、最後に一緒に考える姿勢を示しています。これによりＡさんは安心するとともに、Ｆ課長に対する信頼感が強まり個人的なことも相談したいと思うようになるでしょう】

ケーススタディ2
同僚が同僚の話を聴くケース

1）よくない話の聴き方

A「Bさん最近元気がないけどどうかしたの？」

B「ありがとう。実は僕課長ににらまれているんだ」

A「何言っているんだ。課長はそういう人なんだよ。気にしないで元気出せよ。そうだ今日は花金だ、C君やMさんを誘って一杯やろうよ」

その晩はBさんを囲んで大いに盛り上がり、「課長に関係なく来週からまた頑張ろう」と励まし、解散しました。ところが、週明けの朝、Bさんが金曜日の深夜に大量の睡眠薬を飲み、自殺を図ったというのです。幸い未遂に終わったという話に、皆は言葉を失いました。

【うつ気味の人を励ますこと、飲酒は状況により注意が必要です】

2）よい話の聴き方

A「Bさん最近元気がないがどうしたの？」

B「ありがとう。僕は課長ににらまれているんだ」

A「課長ににらまれている？　どんな感じで？」
B「とにかく挨拶も返事もしてくれない」
A「返事もないのか、それからほかには？」（……話は続く）
【Aさんが「どんな感じで」とか「ほかには」とBさんの思いを自然に聴き、Bさんは胸につかえていることを語りつくします。そして、そのうちに、みずからで問題となっていることの原因や解決策について気づくことがあるはずです】

職場における人間関係をスムーズに保つためには、職場内でのコミュニケーションを良くすることが大切です。その第一は「朝の挨拶」、それも上司が率先して部下に声をかけることです。例えば、「○○さんおはよう、今日も頑張ろう」などと名前で呼ぶのも効果的です。第二は、上司が部下の話をいつでも聴く態度を示し、その雰囲気をつくっておくことです。そこから生まれる部内の信頼関係こそ円満な職場環境の基本です。

ケーススタディ3

部下が会社を辞めたいと言い出したケース

M「課長ちょっとお話があるのですが」

F課長「どうしたのだ、改まって」

M「実は会社を辞めさせていただきたいのです」

Mさんは、かなり深刻な表情をしています。

F課長「それはまた重大問題だ。ここでは話しづらいから、場所を変えてゆっくり話を聴こう」

【Mさんの表情を読み取ったF課長は、他の社員のいないところで話すほうが、ゆっくり真剣に話し合えると判断し、時間をとることにした】

〜喫茶店にて〜

F課長「Mさん急に何があったの?」

M「別に急なことではないのです」

F課長「いつも明るく仕事に励んでいると思っていたので、私は何も気づかなかった。君の働きは部長も認めてくれていたので、私は嬉《うれ》しく思っていたのだが、一体どうしたの?」

M「実はお得意先からクレームの電話が多く、気が滅入《めい》ってしまうのです」
F課長「そうだったのか。例えばどんなクレーム？」
M「いろいろありますが、昨日のは……（クレームの話が続く）……と、無茶とも思えるのです」
F課長「そうか、それはつらいな。ほかにはどんなことがあるの？」
M「こんなこともあるのです……」
F課長「そうか、それはわが社の責任ではないと思うが、大事なことだから私から○○部に確認をとっておこう」
M「実は、こんなクレームもあるんですよ……」
F課長「うーん。そんなクレームをよく耐えて聴いてくれたね。君のような姿勢で対応してくれる社員がいるから、わが社はお得意先から褒められているのかもしれないね。ありがとう」

【上司はまず、部下が明るく仕事に励んでいることを褒め、ねぎらいの言葉をかけます。そして、部下が話す嫌なクレーム処理の具体例に共感しながら、どんどん聴き出していきましょう。部下は、上司がサポートしてくれる姿勢と苦しかったことを語ることによって、その時の感情を再体験し、気持ちが楽になります。これが「言葉の働き」、「言葉の力」なのです。このあと上司から部下には、今後難しいクレームについては「一人では苦しまず、電話を私に回すなどするように」と助け舟を出すことで、部下も納得するでしょう】

インタビュー

精神対話士の養成に力を入れる連合福井 もうこれ以上メンタル不調者を出したくない！

連合福井会長、福井県労働者福祉協議会事務局長

「私の先輩が自殺したのです。その方は教員でした。自殺したのは教頭になった直後です。私はその先輩が亡くなる数日前に、一緒に酒を飲んでいました。自殺の原因は、はっきりしませんが、酒を飲んでいる時、その方は自殺をするなどとの気配さえ見せなかったのです」

連合福井の会長の口ぶりは淡々としていながらも、その悔しさは伝わってきました。日本経済を支え、社会を支えている働く人たちがメンタルに不調をきたし、自殺まで決意してしまう。それが、今の日本の現実です。

このような現実を変えたいという思いが、連合福井の〝こころ支えるネットワーク〟事業開始のきっかけの一つになりました。

連合福井は、福井県労働者福祉協議会と共に、2014年から、「自分たちが働く職場からは〝メンタル不調者を出さない〟」ことを目的に、この事業を始めています。

事業は、3つの活動から成り立っています。

1つ目は、メンタルケア・スペシャリスト（MCS）の養成です。それは、各職場の組合員をMCE、いわゆる精神対話士になれるよう養成することです。3年で150人の養成を計画しています。

2つ目は、この精神対話士による職場の快適度チェックを行うことと、従業員の悩み相談を受けることです。あわせてメンタルケアのセミナーや講演会を実施します。

3つ目が、悩み相談のフリーダイヤルの開設です。仕事で心の不調を感じた方からの電話相談を受けています。

この事業の特徴は、1番目が職場での精神対話士の養成となっていることです。ここには理由があります。

「私（連合福井会長）は、多くのメンタル不調者を知っています。彼らは医者から処方された薬を飲んでいますが、薬を飲んだからといって、仕事の現場に復帰できるわけではないのです。ほとんどの方が、薬漬けになってしまいます。

しかし、私は、悩みを抱えている組合員に傾聴し、共感し、寄り添っていけば、その人のメンタルは回復するということを知ったのです。私たち労働組合の役員としては、組合員や従業員から労働相談を受けたとき、労働関係法規ではこうなっていますよと、すぐアドバイスしたくなってしまいます。ですが、そこをじっとこらえて、彼らの話を傾聴するようにしています。

そして、医者の処方箋とカウンセリング、そして精神対話士の３者がうまく協力することによって、さまざま形のメンタル不調者に対応でき、さらにメンタル不調者を出さないことにもつながると考えています」

組合員の精神対話士は２０１４年に40名が合格し、現在、各職場で従業員のメンタルケアに努めているといいます。

求められる職場環境の改善と精神対話士の育成

一方、この事業の3番目には悩み電話相談の設置があります。連合福井と共に事業に取り組む、福井県労働者福祉協議会の事務局長は、悩み相談の電話を受けることがあります。

「電話相談を始めた２０１５年は、相談件数が１２２件ありました。

悩みはさまざまです。仕事の悩み、プライベートの悩み、そして容姿の悩みまであります。それぞれの悩みに沿って、私たちは傾聴します。そして、その方の実情を踏まえて、精神対話士を紹介したり、精神科の受診を促したり、労働相談機関や法律関連機関を紹介したりします。

今年度は始まってまだ5ヶ月ですが（8月末時点）、すでに相談は100件を超えています。働く方にフリーダイヤルが浸透したこともありますが、多くの悩んでいる方がいるのも事実です。私は以前県立病院の精神科で看護師をしていましたが、そのときから、メンタルに不調を抱える方が増えていることを憂慮していました。

長時間労働やノルマの増大、さらに非正規雇用の問題、拡大する賃金格差など、職場環境が悪化してきています。さらに、昔のように相談に乗ってくれる人もいません。メンタル不調者が出ないほうが、むしろおかしい時代です」

連合福井の会長はさらに会話を続けます。

「私のいた職場の実感から、やはり長時間労働が多い職場ほど、メンタル不調者やうつ病になる人が多かったように思います。人は休むことによって心も休めます。自宅に戻っても、ただただ寝る時間を確保するのに精一杯だと、やはり人はメンタルに不調をきたします。組合員、従業員のメンタルを健全に保つには、職場環境の改善と、職場での精神対話士の養成が共に大切だと考えています」

会社の成功は、売り上げの増大だけにあるわけではありません。働く人たちが健全に仕事をしてくれるから成功があるのです。

今ほど、従業員の心を健全に保つため、聴く力を持ち、共感し寄り添える力を持った精神対話士が必要とされている時代はないのです。

人の気持ちを聴く編

ここでは、人の気持ちを聴きとるコツを解説します。

20 相手をわかるには聴く努力が必要である

相手の気持ちをわかるには、聴くことが最も重要です。精神対話士はこのことを常に実践しています。聴くプロだからです。

精神対話士は「聞く（hear）」という言葉を使いません。プロとして「聴く（listen）」という言葉を使います。その理由は、漫然と聞く＝hear ではなく、主体的に神経を集中させて相手の話を聴く＝listen からです。

ここに指導精神対話士のＳ氏が傾聴について書いた文書があります。傾聴とは聴き手が積極的に話し手の感情も含めて受け入れ、理解しようとする聴き方です。

「私はいつも次のように考えています。『聴』という字は耳と目と心と十という字からできています。ということは、聴くとは耳と目と心を十分に働かせることではないでしょうか。耳を働かせてクライアントの口調や音声の強弱を。目を働かせて、クライアントの表情やしぐさ、あるいは服装やアクセサリー、自宅で対話する場合であれば部屋の様子など。ノンバーバル（非言語的）・コミュニケーションも重要であるということを是非理解したいと思います。そして心を働かせてクライアントの心、即《すなわ》ち気持ち、感情を察しとることです」

全身全霊をこめて、目、耳、心をフルに使って、相手のことを聴く。これによってはじめて相手の気持ちをわかることができるのです。

この聴くということを前提に、精神対話士は話し手の気持ちに共感し、受容します。受容とは、話し手の気持ち、考えをそのまま認め受け入れることです。たとえそれが非現実的なことであっても、その方の考え方として認め対話を続け、聴くことを続けます。

受容とは、イコール聴くことでもあるのです。聴くことで、話し手は受け入れてもらえていると安心感を持ち、気持ちを表してくれます。

聴くということは、非常にシンプルな行為ですが、話し手に共感し、受容して聴くということは簡単なことではありません。さまざまな基礎知識とテクニックが求められます。そして、聴き手の気持ちの有り様も問題になります。聴くための努力が必要となるのです。

21 対話の「カタルシス」が相手の悩みを吹っ切らせる

言葉の働きとして「カタルシス」があります。心の内を話すだけで、気持ちがすっきりします。心の浄化作用があるのです。「カタルシス」を感じるのは、〝私の話を聴いてもらえた〟という自己肯定感が起こるからです。同時に胸の中に溜《た》まっていた思いを吐き出せるからです。ですから、抱えていた悩みは軽くなり、悩んでいた自分が不思議に思えるぐらいになります。

しかし、言葉の「カタルシス」を充分発揮させるには、話し手が自分の気持ちを話してよかったと思えることが必要です。そのためには、まず、話し手の話の腰を折らないことです。

最後まできちっと聴くことが大切です。精神対話士はクライアントから話を聴くとき、クライアントが話したいことがあると感じたならば、「お話しください。最後まで聴きます」と伝えて傾聴を始めます。そして、最後まで聴くのです。

多くの場合、本当に話したいことは、話の最後に出てきます。

相手の話がまだ終わっていないなと思ったら、途中でこちらの話を振ったり、意見を述べたりして話の腰を折ってはいけません。相手が黙っているのなら、じっくり待ちます。それほど時間はかかりません。

特に、途中で意見を言ったり、口を挟むと、話の方向が変わってしまうことがあります。それが話し手の話したいことと違っていたら、話し手には「カタルシス」は起きません。

また、無理に話を聴くこともよくありません。話したくなかったことまで、話すことになると「話したくなかったのに」と不満が残ります。例えば失敗談などがそうです。不満が残った心には、「カタルシス」が起きません。

失敗談などは、どうしても言わなければいけないと話し手が思えば、いずれ話されるでしょう。機が熟すまで待つべきです。

聴き上手といわれる方は、自分の話は3割で、相手の話が7割といいます。自分のことはほとんど話さないケースさえあるといわれています。

相手に話したいことを、話したいだけ話をさせる、これによって相手は、本当に言葉の働きの「カタルシス」を感じます。

体験談

引きこもりの貧困20代青年との対話

「私は今まで家族のぬくもりを知らなかった」

精神対話士O氏

20代の引きこもりの青年が、わずかな手持ちのお金の中から1クール4回分の対話料金を捻出して協会に振り込んだのは、クリスマスソングが街行く人の心を華やかにする頃だった。

アメリカの同時多発テロの後、人々は家庭に愛を求め、平穏と安らぎを得るために帰路を急いだ。新宿の雑踏を通り過ぎ、彼の住む古びたアパートを訪れた。家財道具のほとんどない部屋だった。対話料金を生活費の中から捻出するのは大変だっただろう。それでも、なお彼は何かに光を求めていた。

1クール4回。その4回で私に自分を知ってほしい。わかってほしい……両親に捨てられたこと、孤独、焦燥感、空虚……閉塞状況の中で彼は私に解決方法やコンサルテーションを求めるというよりも大声で怒鳴り続けた。

100キロはある巨漢が薄暗い部屋の中で、自分の過去を披瀝《ひれき》した。対話というより、単語の羅列、爆発だった。わめいた。そして大声で泣いた。安っぽい同情や見せかけの受容も共感も必要なかった。堰《せき》を切ったように膨大な量の生い立ちを話し続けた。私にできることは、ただ聴くことだけであった。

歳末のわずかな日々の中で、4回の対話を彼は短期間で行いたがった。私も時間をやり繰りして、片道2時間をかけて、会いに出かけた。2回目、3回目を通して、お互いの信頼関係もできてきた。私を少しずつ受け入れてくれるようになってきたのを感じた。

自分を捨てた父親の歳《とし》に近い私に彼はある意味で戦いを挑んでいた。安易な妥協点も声かけも励ましも通じない。野生に近い動物的な鋭い嗅覚と捨てられた犬のような悲しい虚《うつ》ろな目をしていた。そして彼が同時に私に求めていたものは、子どもが父親に求めるのと同じようなあたたかさと安らぎと、赦《ゆる》し、癒やし、そして祈りであった。

4回目の対話の日が来た。自分で何かをつかんでいた。これからの人生を切り開いていく気持ちに満ちていた。もうすでに彼の心の中の嵐は過ぎ去っていた。嵐の後の静かな海のようだった。

「私は今まで家族のぬくもりを知らなかった。一人で生きてきた。でもこれからは、先生との話を励みにして、生きていく。何かにまた困ったら協会に電話します。力になってください」

急に彼はちゃぶ台の前に立ち上がり、直立不動になった。私も立ち上がった。彼は両手を差し出した。私も彼の手を握り返そうとしたが、彼の両手の中で私の手はゴナゴナになった。

がっちりとした男の体が揺れた。肩が震えていた。私も彼も涙があふれていた。心の中でしっかりと彼を受け止め、抱きしめていた。薄暗い蛍光灯の明かりが都会の片隅で精一杯けなげに生きている彼の涙を照らしていた。窓の外に広がる新宿の高層ビルの明かりより、彼の涙は輝いていた。

彼にいつの日か素敵な家族ができ、楽しいクリスマスが来ることを祈らずにはいられなかった。

22

言葉にすることで、客観化できる 客観化できることで、気持ちが楽になる

すごく忙しい！　もうこれ以上何もできない！　と思ったことはないでしょうか。そして、何から始めていいか、わからなくなったことはないでしょうか。

そんな時は自分のやるべきことを、紙に箇条書きで書き出してみましょう。そうすると、不思議にも自分のやるべきことは、「そんなに大変なことじゃなかった」とわかることがあります。

確かに、今日一日ではできないかもしれません。しかし、何日かかければ、すべてできそうです。

なぜでしょうか。自分のやるべきことが、紙に書かれていて客観視できるからです。自分の中だけで抱えていると、やるべきことが、やたらに大きくなり、自分では操作不可能になります。やるべきことが頭の中でグルグル回り、どんどん大きくなっていきます。やるべきことに押しつぶされそうになります。パニックです。

しかし、紙に書き出したとたん、その巨大化したやるべきことは、一つの事柄にすぎなくなるのです。それがたくさんありすぎてげんなりするかもしれません。でも、自分の中で抱えていたときより、気持ちは楽になっているはずです。そして、一つずつ、やり遂げていけば、すべてできそうな気がしてきます。

話すことも同じです。

心の中にあったモヤモヤは、モヤモヤでいる限り、正体不明の怪物です。その怪物のモヤモヤは、巨大化すると心を覆いつくしてしまいます。だからこそ、言葉に出して、客観化する必要があるのです。

精神対話士はクライアントと対話をするとき、時にはクライアントの言葉をオウム返ししたり、キーワードを復唱したりします。それは、クライアントに共感していることを示す言葉であると同時に、相手の気持ちを言葉で提示してあげることにもつながるのです。

話し手は、オウム返ししてくれる言葉で自分の気持ちに気づくことがあるかもしれません。聴き手がキーワードを復唱してくれることで、気持ちに整理がつく場合もあるかもしれません。

いや、言葉に発した時点で、すでにクライアントは自分の気持ちがわかっていることもあるでしょう。今まで、あまりにモヤモヤが大きくて、言葉にできなかったことを、言葉という客観化できる音声に変えることで、はじめて、その気持ちと対峙《たいじ》できるようになります。

そして、それが一歩となって、また言葉を紡いでいくのです。

23 答えやすい質問が相手の気持ちを引き出す

精神対話士のK氏は、引きこもりの高校や中学の生徒と話をするとき、まず、イエスかノーで答えられる質問から始めます。

引きこもりの高校生や中学生の場合、対話の依頼をしてくるのは親や先生だったりして、その生徒は対話を望んでいないケースも多くあります。そのため、その生徒は話す態勢になっていない場合が多いのです。

そんなとき、「学校で何かあったの?」と声をかけても、返事は返ってきません。話す態勢になっていない生徒が、何があったのかを一から説明するのは、大変なことです。そこで、まずはイエスかノーで答えられる質問をして、対話をする態勢を整えます。

ある引きこもりの女子生徒は、部屋の窓のカーテンを引いて、昼間なのに、うす暗がりの中で膝を抱えて座っていました。

今回の訪問は2回目です。最初のときは部屋にも入れませんでした。K氏は、まず声をこのようにかけてみました。「お腹すいてない？」。女子生徒は「すいてない」と気のない返事ですが、答えました。

続いて「ご飯は食べたの？」と聞きます。「食べた」。「そうなんだ、何食べたの？」とここで初めてイエス／ノーでは答えられない質問をします。

「カレー」。気のない返事ですが、一歩前進です。そして、K氏は部屋に散らばっているCDを見つけました。また、声をかけます。またイエス／ノーの質問です。

「音楽が好きなの？」

「うん」

「誰が好きなの？」

「いきものがかり」

K氏は「いきものがかり」を知りませんでした。「えっ！　いきものがかりって学校か何かの係？」。「違うよ、女性ボーカルと男性2人のアーチスト」とその女子生徒は少し笑って答えたそうです。

話はイエス／ノーから始まって、単語が飛び出し、そして具体的な意味を含む内容に進んでいきました。

イエス／ノーで答えられる質問は、相手に負担のない質問です。答えるのに容易な質問なのです。それを出発点にして、次に単語で答えられる質問と、少しずつ、答えが高度になるように配慮をして、対話のキャッチボールを続けていくのです。

その後、K氏は、次の訪問までに〝いきものがかり〟の最新CDを購入して、その歌を聞き、その女子生徒にその最新のCDをプレゼントしたそうです。その女子生徒はそのCDを前に、〝いきものがたり〟のすばらしさを語り、そして、引きこもりとなった理由も語りました。

彼女は、学校でいじめられていました。それが直接の引きこもりの原因ですが、家族にも問題を抱えていました。

彼女には病気の妹がおり、お母さんは、その妹ばかり面倒を見て、自分のことをちっともかまってくれないと感じていました。じつは彼女は、お母さんが彼女も妹も大事にしていることをわかってはいました。しかし、やはり子どもです。自分をもっとかまってほしいと思っていたのです。それが、時々、我慢ならず、妹にも当たってしまうことがあったようです。そして、その罪悪感が自分を苦しめていました。

だから、学校だけでなく、家族からも引きこもっていたのです。彼女は泣きながら、そのことを話してくれました。

しかし、それからです。彼女は何か吹っ切れたように、家族の前に現れ、母親に代わって、妹の面倒を見るようになったそうです。そして、転校をした結果、新たな学校に元気で通っています。

イエス／ノーで始まった会話が、一人の女子生徒を立ち直らせたのです。相手の状況に合わせながら、少しずつ会話を深めていくことが大切なのです。

インタビュー

「Kさんに会ってなければ、僕は死んでいたと思います」小学校の先生になったT君の言葉

福岡・精神対話士K氏

「僕はKさんに会わなかったら、死を選んでいました。あの時、僕は本当に死のうと思っていたのです」

福岡で精神対話士をしているK氏は、今は小学校の教員をしているT君に、久しぶりに会った時、このように話をされたそうです。

「T君に会ったのは、彼が大学4年生の時です。彼は引きこもりでした。彼の父親からの依頼で、自宅に訪問し対話を試みました。

この時、T君は自分の部屋に閉じこもった状態で、両親も部屋に入らせないようにしていたようです。しかし、私が訪問すると、T君はすぐに部屋に入れてくれました。これにはご両親もあっけにとられていました。

ただ、このことはしかたないかもしれません。父親は確かに、息子とは距離をとっていて、遠くから見ているような感じの方でしたが、そもそも、息子は父親に相談な

どしないものです。第三者の私だから話せたのかもしれません。

T君が引きこもった理由は、卒論ゼミの担当教授からのパワハラにも似た指導にありました。卒業論文の執筆にあたって、その担当教授が何かと文句をつけてくるのです。調べている資料が足りない、ロジックの組み立てが悪い、文章が下手だ、などなど。T君からすれば、言いがかりにしか聞こえないような指導も多かったそうです。

もともと担当教授とT君とはウマが合わなかったのでしょう。結局、T君は学校に通うのは諦めて、実家に戻ってきたのです」

精神対話士のK氏の話では、T君の母親は、彼の住んでいたアパートに彼を迎えに行って大変驚いたといいます。入り口からゴミが散らばっていて、足の踏み場もありません。そうとう心が荒れていたのでしょう。心の痛みは、部屋の様子にも現れます。母親は何とかその部屋を片付けて、彼を連れて帰ってきました。その間、彼は一言も話しませんでした。

K氏は、そのような子どもを持った母親にかける言葉があるそうです。

「余談になりますが、大学生や高校生、中学生の子どものことで、心を痛めているお母さんには、『お子さんがお生まれになった時は何グラムだったのですか』と声をかけることにしています。

そうすると、母親は『3000グラムを超えていたの。大きい子だったわ』と、もう大きくなっている子どもの生まれたばかりの頃を思い出すのです。すかさず、私は『それはそれは、かわいかったでしょうね。お婆《ばあ》さんやお爺《じい》さんもさぞかし喜んだことでしょう』とねぎらいます。

すると、母親はその当時のことを思い出して、少し心に余裕が生まれるようです」

T君の話に戻します。実家に戻ったT君ですが、気がかりなことがありました。

「大学を卒業するには、卒論ゼミの教授に卒業論文を認めてもらわなければなりません。そうしなければ、卒業単位を得ることができません。T君はこのことに悩んでいたのです」

1年休学して、別の研究室に移ろうと思っています

その後、K氏はT君との対話の場所を近くのファミレスに変え、話を続けました。

そして、ある日、T君はK氏に考えをぶつけてきました。

「1年休学して、友達の入っている別の研究室に移ろうと思っているということでした。彼が自分で考え、自分で決めたことです。もちろん私は賛同しました」

T君の考えはうまくいきました。別の研究室に移り卒業論文を書き上げ、無事に卒業できました。同時に教職課程も取得して、小学校の先生になったのです。

「T君は、私に対して『本当に感謝しています』と言ってくれました。精神対話士は感謝されることを目的にクライアントの話を聴くのではありません。あくまで、その方の気持ちを理解し、共感し寄り添うために聴くのです。

しかし、結果として感謝されることは嬉しいことです。私もT君に感謝されて嬉《うれ》しかったし、T君が教員になって本当によかったと思っています」

真摯《しんし》に聴くということは、話している側の覚醒も促します。そして人生を大きく転換させることにもつながります。それはその人がもともと持っていた力がそうさせているともいえるのです。人には元来、自分の人生を決める能力があるのです。精神対話士にとってその能力を引き出すための支援を行うことが重要な役割であり、それはとても大事なことなのです。

K氏はこんなことも言っていました。

「私は人の話を聴くのが好きなんでしょう。以前、喫茶店のマスターをやっていたこともありました。コーヒーを淹《い》れながらお客さんの話を聴いていました。面白い話も、ためになる話もありました。どれもこれも私にとっては貴重な体験となっています」

人の話を聴く能力。それは精神対話士としての最大の特徴なのです。

24 〝あいづち〟を打つことが共感を示し対話を進める原動力になる

誰でも、真剣に聴いてくれている人に対してはしっかり話そうと思うものです。そして、話し手は、聴き手が真剣に聴いてくれているのかどうか、その反応から判断しています。反応が返ってこないと、聴いていないのではないかと不安になってきます。

聴き手が、しっかり反応してくれていれば、話し手は気持ちよく話をすることができます。その反応の一つがあいづちです。あいづちが効果的なのは、相手に共感を示す言葉だからです。もし、あなたが「そうかなあ……」などと疑問形や否定形で返事をしたら、話し手はそれ以上話を続ける気力を失ってしまうかもしれません。相手を肯定的に受け止めるから、相手も安心して話すことができるのです。基本的に、あいづちは「そうなんですか」のバリエーションです。

「そうですか、大変だったんですね」

「うんうん、そんなことがあったんですね」

「まったくですね……それで……」

「それは困ったことですね」

「あー、そう考えたんですか」

「うわー、驚きです」

「すごいですね」などなどです。

また、あいづちの便利なところは、相手の話の内容についてあまり知識がなくても使えるというところです。イタリア旅行の話だとしても、

「イタリアに行ってバチカンの宮殿に行ったんだ」

「すごいですねえ」

「でも、あまりに広くて、システィーナ礼拝堂に着く頃には疲れてしまって」

「そうですか、それはそれは」

「ただ、ミケランジェロの絵はすばらしかったよ」

「どんなふうにすばらしかったんですか」

「天井いっぱいにキリストがいて、それが筋骨隆々なんだよ」

このように話に深みが出てきます。あいづちを打つことで、共感を示しながら、対話を進めることができるのです。

25 キーワードを復唱して、相手の気持ちに迫る

あいづちは、こちらがしっかり聴いていることを示すだけでなく、相手の気持ちを引き出す効果もあります。そして、より効果的なのが、相手の話のポイントを復唱することです。これによって相手の気持ちがよりはっきりします。

話のポイントを「キーワード」と呼びます。例えば、あなたの同僚が先輩について、「先輩が俺のことを批判しているんだよ。『朝来るのが遅い』ってさあ。そんなことないのにさあ」と話したとします。

そのとき、あなたは、「そんなことない」と彼の気持ちを復唱します。同僚は、「そうだよ。定時より5分は早く来ているのに、確かに先輩は15分も前に来ているけどね」と、話は続いていきます。

さらに、「15分前に来てるんだ」と続けます。

そうすると、「来るのが早すぎるんだよ。何のための定時だよ。そんなの強制する

なよな」と、先輩への気持ちが吐露されます。

この会話の、「そんなことない」とか「15分前に来てるんだ」が、そのときのキーワードです。キーワードを復唱することで話は進んでいきます。

しかし、ここで「そうなんだ」とあいづちを打っただけだと、話はそれ以上進みません。さりげなくキーワードを復唱することが話を進展させることになります。

ただし、キーワードを言い換える場合は注意が必要です。特にナイーブな問題の場合、言い換えが相手の反発を招くことがあります。

「先輩に怒られちゃってさあ、失敗しちゃったよ」と同僚が言ったとします。

もし、そのとき、あなたが「後悔してんだ」と言い換えると、同僚は「後悔なんかしてないよ。ちょっと反省しているだけだよ」と反発するかもしれません。

その場合は「失敗しちゃったんだ」と同じ言葉をオウム返しにしたほうが、相手の気持ちを引き出せます。特にこの点についても精神対話士の方は配慮しています。

厳しい立場にいる人が、「苦しい」「つらい」「大変」など、自分の感情を表したとき、このように似ている言葉でも、その方にとっては違う意味の場合があるからです。相手の言葉をオウム返しにしつつ、気持ちの核心に迫るまで言い換えは避けたほうがいいでしょう。

26 安易なあいづちや安易な復唱、安易な理解は不信感を生む

あいづちは共感を示し、対話を進める力になると述べましたが、安易なあいづちは逆に信頼を失います。特に安易な理解を示すあいづちは不信感を相手に与えてしまいます。例えば、

「うん、よくわかるよ！」

「そうですよね！」

「なるほど！」

「ほう」

などです。このような理解を示す言葉は、相手があなたに深い信頼を寄せていれば別でしょうが、安易に発すると、相手には「本当にわかっているのだろうか」と不信が芽生えます。

特に、重い話をしている人に向かって、このような言葉であいづちを連発すると、

「簡単に自分の気持ちがわかってたまるか」という反発を覚えさせせることにさえなります。そのことが連続すると、もう話したくないという方向にいってしまいます。**あいづちもタイミングです。相手の話を傾聴し、その気持ちに沿ったあいづちを打つべきなのです。理解を示す言葉以外にもタイミング悪くあいづちを打つと、話の腰を折られたように思い、充分に話したという満足感を得ることができません。**

対話による「カタルシス」を感じることができないのです。

あいづちの合間に、軽いうなずきや「その点について、もう少し詳しく教えていただけませんか」というような、より深く相手に共感できるための問いかけをするといいでしょう。

安易な復唱も、安易なあいづちと同じです。「キーワード」を繰り返すオウム返しばかり続くと、馬鹿にされた感じがしてしまいます。

復唱が効果的なのは、深刻な話が煮詰まってきた時です。そのような、話し手と聴き手が、両者で一つ一つの言葉を確認する必要がある時なのです。まだ対話が始まったばかりの時に復唱しても、話はいい方向にいかないでしょう。

それから、復唱に関してもあいづちに関しても、疑問形にならないように注意しましょう。語気を強めると疑問形になり、非難しているように受け取られてしまいます。

27

相手を客観視させる言葉「あなたは○○○と思ったのですね」

言葉は、みずからの気持ちを客観視させてくれるということを他の項目で解説しました。しかしながら、残念なことに、話し言葉はしゃべった直後から、レコーダーにでも録音しておかない限り、空中に消えてしまいます。

ノートやメモに書き残したものと、話し言葉の大きな差はここにあります。ノートやメモのほうが、みずからの考えをまとめるのにより適しているのです。

しかし、実際の会話は生き物です。いちいちメモをしている時間などないでしょう。録音したとしても、会話の途中でいちいち巻き戻して確認するなどということはできません。どんどん会話は進んでいってしまいます。

普通の会話であれば、そのようなものでしょう。しかし、悩みを抱えている人と話すときは、それではいけません。**あなたは、相手の気持ちを客観視できる鏡になることが必要です。その方法が、復唱です。「あなたは○○○と思ったのですね」という**

ような、相手の言葉をオウム返しすることなのです。

「上司から書類のミスを後輩の前で指摘されて、恥ずかしかったし、つらかった」と相談相手が話したとします。

その時、「それは、恥ずかしいし、つらいよね」と相手の気持ちを復唱するのです。

「そうなんだよ。あの上司はわざわざ俺のミスを指摘するんだ。いつもなんだよ。何度もあるんだ。みんなの前で責めるんだよ」

「何度も、みんなの前で責めるんだ」

「そうそう。だから、今回の大きなミスで、またみんなの前で責められると思うと会社に行きにくくなってくるんだ」

「行きにくいよね」

「どうしようかなあ……」

「どうしましょうか……」

相談者はこのような話をすることだけでも、気持ちがすっきりし、なおかつ、あなたが復唱してくれることで、みずからの気持ちを再認識することができます。そして、自分の問題と向き合うことができるのです。人は、みずからの問題を客観視できれば、その解決の糸口を見つけ出すことができる力を持っているのです。

28 言葉の持つ4つの働き。「思考構築力」「自己表現力」「カタルシス」「感情の再体験」

ここで、言葉の持つ4つの働きを整理します。

なお、「言葉」は「言語」と同じ意味で使われることがありますが、言葉は話し言葉をさすことが多く、言語は書き言葉をさすことが多いのです。そこで、ここでは対話ということをはっきりさせるため、言葉の文字を使います。もちろん、人と人とのコミュニケーションは言葉だけではないことは本書の中でも、何度も述べてきました。

しかし、言葉には、ものごとを説明できる強い力があります。そのため、みずから言葉を使ってみずからの考えをまとめることができます。みずからの思いを、言葉を使ってはっきりさせていくのです。

このような言葉の働きを「思考構築力」といいます。言葉は、自分の思いをはっきり認識させてくれるのです。

そして、人は言葉を使って、友達や家族にみずからの考えや思いを表現します。このような言葉の働きを「自己表現力」といいます。

このように人は、みずからの言葉を使い、自己表現することを通して、相手とコミュニケーションをとります。そのコミュニケーションがうまくいけば、人は満足感を得ることができます。それが、みずからの劣等感の払拭にも役立ちます。

３つ目の言葉の働きとして、すでに説明した「カタルシス」ということがあります。自分の思いや考えや、単に今日の出来事でも言葉に出して話すことで、すっきりするということがあります。特に、いやな思いをしたときなどに、そのことを話すだけで、いやな思いが消えてしまうことがあります。これが「カタルシス」です。

４つ目が「感情の再体験」です。人は過去の体験を思い出すことができます。そして、それを言葉にして表現することができます。悲しかった思い出や、楽しかったことを思い出して、それを話すことで、みずからの気持ちに整理がつき、冷静に見つめることができるのです。「中学時代に友達からのいじめを受けて悲しかった」ということも、今、思い出せば、当時の自分を冷静に見つめることができ、当時のつらさとも向き合うことができるのです。

人は言葉という武器を使って、みずからの考えをまとめ、表現し、カタルシスを得、過去の感情を再体験して、自分を見つめ直すものなのです。

29 話題づくりに趣味の話はうまくいく

ビジネスでの会話の糸口は、関西なら「儲《もう》かってまっか」でしょうし、関東なら「また雨ですね」と天気のことから始まります。しかし、相手のことを本当に理解するのであれば、話の糸口は趣味の話がおすすめです。

誰でも、大なり小なり趣味があります。その人自身は自覚していなくても、サッカー観戦が好き、プロ野球日本ハムの試合は必ずチェックしている、ポケモンGOに嵌《は》まった、お菓子作りをしていると心が休まるなどなど、何かあります。

そして、その**趣味は、その人が本当に好きなことなのです。その人の性格やその人の今までの歩みを表していることもあります。**さらに、**好きであれば、そのことについて話したくて話したくてウズウズしていることもあります。**

もし、その相手のご自宅を訪問する機会があったら、その家の壁や棚に飾ってあるものを見てください。その人の趣味や好みがわかることもあります。猫の写真ばかりある、ラグビーボールが飾ってある、池井戸潤の小説が積み重なっている、などなど、ヒントはいくらでもあるはずです。飾ってあるものが、その人の趣味とまではいかない場合でも、それがその人の好きなこと、関心のあることでしょう。

趣味や好きなことの話をしている時は、あなたがわからないことがあったら素直に聞いても大丈夫です。「もっと詳しく教えてください」と尋ねてみましょう。

人には、〝教えたい〟という欲求がありますから、逆に聞くことが、話をより弾ませてくれます。もし、その人が自信を失っている人であれば、「教えて」と言われることで、「自分が認められている」と自信を取り戻すきっかけになります。

趣味のほかには、苦労話もいい話の糸口になります。特に高齢者の方は多くの苦労をしてきています。元社長の方なら、「会社経営って大変ではないですか」と聞いてみましょう。専業主婦の方なら、「3人も子育てしたのですか。さぞかし大変だったでしょう」などと聞いてみましょう。経営者なら、どんな苦労をして会社を大きくしてきたか、主婦の方なら、どんなに子育てで苦労したか、ほかにも姑《しゅうと》関係でどんな苦労をしたか話してくれるでしょう。話を聴いたら「大変でしたね」とねぎらいの言葉をかけましょう。それによって、その人は、苦労を乗り切ってきた自分に対して自信を回復することにもつながるのです。

体験談

壁に貼られた思いがつづられた詩

有料老人ホームでの89歳未婚女性との対話

精神対話士Nさん

クライアントAさんは大正15年生まれの89歳、未婚女性。有料老人ホームで実兄（未婚）と20年間同居しておられましたが、3年前に実兄は89歳で他界、その寂しさを訴えます。親切にしてくれる職員の介護士さんや看護師さん、後見人である司法書士の人も家庭的に接してくれるし、感謝の気持ちはありますが、本音を話せるかというと正直言って話せるものではありません。

そうつぶやくAさんの傍らには常に薄い鉛筆書きの古びたメモ用紙の束があります。起きている時はもちろんのこと、寝る時にいつも枕元に置かれるメモ用紙。そこにはAさんの孤独感あふれる思いやその時々の気持ちが詩として表されています。「言葉に出せなかった思いをこのメモ用紙は嫌な顔もせず、文句一つ言わずに全部吸い取ってくれるのよ！」と苦笑しながらそうつぶやくAさん。

私自身はクライアントの思いをこのメモ用紙と同様に、すべて受け止めてあげられているだろうかと省みます。

「この詩を居室の壁に貼ってみてはどうでしょうか?」と提案したところ、Aさんは目を輝かせて、「どれにしようか……これはどうかしら?」と迷いつつ、1週間に1度の訪問時に気に入った詩を提示してくれるようになりました。Aさんの詩を持ち帰っては、下手ながらも詩を清書し、挿絵を描いて持参すると、Aさんも真剣にどこに貼ればよいかと共に考えて楽しむといった時間が流れました。

一枚、一枚と増えていき、Aさんの部屋の壁はあっという間に貼り尽くされ、その中の一枚は、老人ホームの季刊誌にも紹介されることになり、Aさんは喜びにあふれ、自信回復につながっていきました。一方で、向上心あるAさんはさらに評価を得られる詩を書きたいという気持ちが強くなり、訪問者が自分の詩を評価してくれることを願いましたが、無関心を装って何の評価もしてくれないことに不満を感じることもあったといいます。

ある日、Aさんが信頼していた人に買い物を依頼したところ、頼まれたものだけを置いて顔も見ないで声かけもしないで帰ってしまいました。Aさんは、このことを事務的だと感じました。そして、Aさんは、今まで我慢してきた些細《ささい》な行動や出来事を一気に吐き出すように語り続けたことがあります。

Aさんにとって、たった一回の出来事でしたが、これまで構築してきた人間関係が崩れたと訴える気持ちが私の心に届いてきます。そして、メモの束を一枚、一枚捲《めく》りながら見せてくださいました。そこにはAさんの怒りと悔しさの入り交じった感情が表現されていました。詩をゆっくり読み上げるAさんの寂しいまなざしが私の目に映りました。

「ほんとうは、この詩を書いて貼ってほしいの！　でも、その人に当てつけるようで傷つけることになるかしらね……」とつぶやかれました。

正直、精神対話士として、クライアントの思いを支持してよいものかと迷いました。

「迷っておられるのですね？　その方が意図的に人の気持ちを傷つけようとしたのなら、確かにこの詩は当てつけのように感じられるかもしれませんが、意図的ではなく、ご本人自身が気づいていないとするならば、傷つくことはないかもしれないですね」とお伝えしました。沈黙の時間が流れました。そして、「やっぱり、挿絵を描いて貼っていただけますか？」とおっしゃり、次の回に持参し、貼ってみました。さらに1週間後、Aさんの心境を案じながら訪問すると、笑顔で、

「やはり、貼ってくださってよかった！　ありがとう！　胸がすうっとしました！

最初、私は相手に対して腹立たしく思って書いた詩でしたが、貼ってくださったおかげで、何度も読み返していくうちに、この詩は自分に対しての戒めだと思えるようになったんです！」

と言われました。意外な言葉に驚きを覚えました。続いてAさんは、

「心の中の思いを正直に表現できることは、すうっとするだけでなく、自分を振り返ることもできるんですね！　これからも書いた詩を貼ってくださる？　それに、こうして自分の書いた詩を読み返していると、一人過ごす長い夜の孤独感も多少はまぎれるわ。でも、Nさんにはお手数をかけてしまって申し訳ないわ……」

とねぎらいの言葉をいただきました。私自身もさらにAさんの気持ちに寄り添いたいと努めるうち、仮名書道と挿絵がもっと上手に描けるかもしれないと半年間、習い事に行ったことを打ち明けました。「以前より少しは上達できたかもしれない」と。それはAさんの詩を描かせていただいたおかげであることをお伝えすると、Aさんは「えぇっ！　そうだったんですか？　私は迷惑ばかりかけていると思っていましたけれど、少しは先生のお役に立っていたんですね！」と素直に語られるAさんの目は、女学生のように生き生きとしていました。

30 楽しい時間を共有する 共に汗を流すと、安心感につながる

話をするということは、自分の気持ちをわかってほしいという意図もありますが、対話自体が楽しいということもあります。対話と同じように、散歩でも、スポーツでも、共にその時を過ごし、共に汗を流し、共に同じ風景を見るということは、人間にとって楽しい時間です。そのような時間を共有することは、心を通じ合える第一歩にもなります。そのような経験を数多く持つ精神対話士のT氏は、引きこもりの男性との体験を語ります。

「はじめは、その方と、家の中で話をしていたのですが、(引きこもりですから)外に連れ出してほしいというご本人からのリクエストがありました。ですから、公園を散歩しながら話をしたり、喫茶店でお茶を一緒に飲みながら話したりとか、しました。

それだけでなく、その男性の方は、キャッチボールがしたいとか、ジムに行きたいとか、外で体を動かすことをリクエストしてきたのです。すでに20歳を超えている方

なのですが、あまりそのような経験がないようでした。

私たちの世代は、子どもの頃、毎日のように、野球だ、サッカーだと、日が沈むまでいろいろ運動をして家に帰ったりしましたが、現在の20代、30代は、テレビゲーム中心で、キャッチボールなどをするという経験がないのではないでしょうか。だからすごく新鮮そうに、楽しんでキャッチボールをしていました。

それだけではなく、その方は、母子家庭で育った方だったので、父親とキャッチボールをした経験がなかったようです。私を父親のように感じ、父親とのキャッチボールの疑似体験をしていたのでしょう。

私たち精神対話士は、特別な事情がない限り、こちらから外に連れ出すようなことはしません。しかし、クライアントが望んでいるのであれば、実現してあげたいと思います。もちろん、協会に報告しますが、この方以外でも、『今日、将棋がしたい』と言われ、将棋を指したこともあります」

楽しい時間を共有することは、具体的な会話でないかもしれませんが、それは心と心が自然な形で共鳴することにつながります。安心感や、再会を望む気持ちや、より多くの対話を望むきっかけにもなります。「同じ釜の飯を食う」と仲間意識が高揚するといいます。そのことわざが同じように通じるのです。

体験談

有料老人ホームでの80歳男性との対話

湘南を旅するイメージ対話

精神対話士Nさん

奈良にあるA有料老人ホームに伺うようになり、6年近くになります。入居者数は約500人で、元気な方々が生活する一般居室棟と介護を必要とする方々の介護棟と治療を受ける方々のための病棟の3棟に分かれています。

入居者のKさん（80歳・男性）は、一般居室棟から介護棟を経て、現在は病棟に移られ1年目です。本日訪問しますと、点滴チューブにつながれていらっしゃいましたが、ニッコリと笑顔で招き入れてくださいましたので、ベッドの傍らに近づきました。「もう、あきませんわ……」と洩《も》らされる重苦しい言葉に、Kさんのすっかり諦めきった胸の内の思いが感じられました。

窓ガラスにうっすらと夕日が射《さ》し始め、沈黙の時間が流れました。

私は一般居室棟にいらした頃のKさんとの対話を思い出しながら、話題のきっかけを探していました。

よく旅をされていたことを思い出し、お声をかけますと、「そう、横浜で……」と目を遠くにやりながらポツリと話されました。そして船旅が大好きだったKさんとご一緒に旅をするイメージの対話となりました。

［イメージの内容：船に乗ると、まずKさんは、好きなコーヒーにミルクとお砂糖をたっぷり入れて飲み、その後、甲板に出て美しい夕日を見る（この時、Kさんはベッドサイドの窓ガラスに映る夕日をじっと見つめていらっしゃいました）。横浜港に着くと、「赤い靴」の歌を一緒に口ずさみながら中華街に行き、好物のアヒルの卵と餃《ぎょう》子《ざ》と酢豚を注文し、大好きな燗酒《かんざけ》で乾杯する。

食後はKさんがかつてよく行かれたという鎌倉方面に足を伸ばす。対話の途中で、Kさんは「生き生きしてきましたよ！　海が見たいですなあ！」とお元気な声になられます。

それから江ノ島電鉄に乗って七里ガ浜のほうに向かい、下車して、砂浜の海岸で一緒に海を眺めました。

帰りは電車で帰ることにしました。「もっと、ゆっくりと帰りたいなあ」とつぶやかれるKさんでしたが、S駅で私と別れることになりました。「今度は、帰る途中で見えた琵琶湖《びわこ》方面に行ってみましょうか……」とお伝えすると、「また、行きましょう！」と目を輝かせたKさんの声には力が感じられ、次回の約束をして旅を終えました。」

ホームの看護師さんの話によると、現在Kさんの床擦れは、激しい痛みを伴い、身動きできない状態とのことです。

再び、Kさんの発する言葉の一つ一つを噛《か》み締めながら、ご一緒の旅を楽しむ時が来ることを願ってやみません。

31 相手が本音を話しやすい座る位置と姿勢 斜め前がベストポジション

猫は知らない人に見つめられると、襲われるのではないかと、身構えてしまうそうです。だから、猫好きは、知らない猫と仲良くなるときは、ジッと見つめず目をゆっくり瞬《まばた》きします。

人と猫を一緒にはできませんが、人も真正面に座った人と話をするときは、緊張するものです。会議のときも、真正面の席に座った相手とは対立関係になりやすいそうです。

労使紛争などを見れば、一目瞭然《りょうぜん》です。隣同士で労使が対立することはありません。真正面で睨《にら》み合っている場面が多く見られます。

逆に、上司や知人、友人でも仲間にしたかったら、あるいは何かのプロジェクトに賛同してほしかったら、同じ方向に向かって廊下を歩きながら、賛同をお願いすると、うまくいくケースが多いのです。隣にいながら、同じ方向に向かって歩くということで、同志の感覚が生まれてきます。

人の気持ちがわかるためには、対立関係を生み出す可能性が高い相手の真正面に座ることは避けたほうがよいでしょう。

しかし、慣れない人に、特に初対面の人に真横に座られることにも、人は抵抗感があります。電車の中で、多くの席が空いているのに、見知らぬ人が隣に座わると、「何だ、この人は」と警戒するのと同じです。

隣に座る場合は、近づきすぎず、適度な間《ま》を空けることが大切です。親しくなってくれば自然とその距離は縮まります。

一番いいポジションは、斜め前です。斜め前なら、初対面の人でも抵抗を感じませんし、敵対的関係にもなりそうにありません。

もし、真正面に座らざる得ないときは、体を斜めにするといいでしょう。真正面に座って、真正面に向き合えば、喧嘩《けんか》で言えば〝タイマン〟を張っているのと同じようになってしまいます。体を相手に対して、斜め横に向けて、相手の体を真正面にしないことです。これで、相手の抵抗は少し弱まります。

また、相手と話すときは、身を乗り出し気味にすると、相手は一生懸命聴いてくれていると感じます。一方、少し身を引くと、あるいは椅子に深く腰掛けると、距離をとっているなと感じます。

対話が始まったばかりのときは、少し身を引きつつ、相手が対話に乗ってきたら身を乗り出してみましょう。より対話はスムーズに進みます。

そして、椅子には深く掛けすぎないことです。身を乗り出しにくくなってしまいますから。

32 相手を本当に理解するための目線は、同じ目線の高さ、適度な距離

本書では他の項目で、上から目線はよくないということを述べていますが、それは物理的な目線の位置においても同じことです。相手の目線が高い位置にあると、人は圧迫感を感じます。それは、動物でも同じように感じていることでしょう。ボスざるがいちばん高い位置を占めたがるのは、上から周囲を見渡すことができ、一段高い位置にいる証しにもなるからです。

人と話すときは、相手と同じ高さの目線となるように心がけましょう。圧迫感を受けながら人は本音を話すことはできません。もし、そのような位置関係になってしまったら、相手は強制的にしゃべらされているように感じてしまうでしょう。

もし相手が座っていたら、同じような目線になるようにこちらも座りましょう。ベッドに寝ていたら、ベッドの横で腰を充分かがめるか、膝をついて、同じ目線になるようにしましょう。

子どもと話すときも、多くの親や、保育園や幼稚園の先生がするように、腰を落とし、子どもと同じ目線になるようにします。こうすることによって、子どもはあなたへの圧迫感なしに対話ができるようになります。

そして、話を聴くとき、話をするときも、相手の目を見ることが大事です。聴くときに相手の目を見ていないと、真剣に聴いていないのではないかと思われてしまいます。話すときも相手を見ていないと、相手の状況がわかりません。相手の目を見て聴く、相手の目を見て話すことを心がけてください。特に日本人は話すとき目を見ない方が多いですが、それは相手の信頼をなくします。

また、相手と話すときに、適度な距離が必要です。真横に座るとき、あまりに近いと違和感を持つことがあると、前項でも述べましたが、人は親しくない人が、あまり近くに寄ってくると警戒心が働きます。だからといって、遠すぎると非常に話しづらくなります。小さな声のときは聞き取れないこともあります。

具体的な距離でいえば、横に座っているときは30~40センチメートル、斜め前の場合は60~70センチメートルくらいの距離を保ちつつ、話を始めるといいでしょう。もちろん周囲の状況や、座るところの状況で、そのような距離を保てない場合もありますので、この距離はあくまで目安となります。

33 話が迷走したら、内容を要約してみる

精神対話士のように、人の話を聴くプロとして、インタビュアーという取材の専門職がいます。取材し、その人の考えや気持ちを記事にまとめる役割の仕事です。

彼らが、特に気をつけていることは、インタビューを受ける相手の考えや気持ちや、その時の状況を正確に把握することです。相手の真実をゆがめて書こうとしている場合は別ですが、そうでなければ、相手が話をしている真意を正確に把握することは、インタビューの絶対条件になります。

そのようなインタビュアーがしていることは、確認です。インタビューでは、いろいろな質問をぶつけます。その質問ごとに、相手の答えをまとめていきます。

スポーツ選手のインタビューで、インタビュアーは、相手の言葉をまとめます。

「それでは、目標は金メダルなんですね」

そのスポーツ選手は答えます。

「いや、メダルは何でもいいんです。少なくとも表彰台が目標です」

これで、そのスポーツ選手の目標ははっきりします。同じ聴くプロでも、精神対話士はインタビュアーのような相手に結論を急がせるような質問はしません。しかし、クライアントの真意を知るために、話が迷走したら要約します。

「そのときの状況は、○○○だったといえるのですか？」

「要するに、○○○ということでしょうか？」

このように**要約することで、クライアントの話したいポイントがはっきりし、迷走しそうになった対話も、元に戻すことができます。**

さらに、その要約が間違っていれば、先ほどのインタビューのように、クライアントから訂正され、精神対話士との認識のズレが直ります。

また、話が同じところを行ったり来たりしている場合も、同じように要約してみると、ポイントがはっきりして、対話の核心に迫ることができます。

しかし、あまり早く、結論を求めないことです。相手が話しきっていないときに、まとめようとすると、「この人は私のことを真剣に聴こうとしていないな」と思われてしまうからです。あくまでも、話が一区切りついたときに要約すると、話が次につながってスムーズに進んでいくのです。

34 ゆったりとした気持ちで、体全体で聴く言葉のトーンを合わせると話しやすい

非言語的メッセージのところ（8項参照）で、相手に誤ったメッセージを与えない方法を述べました。ここでは、逆に、どのようなメッセージを相手に伝えると、気持ちがよりわかる対話が可能になるのかを考えてみたいと思います。多くの人は、話をスムーズに進めるために実践していると思いますが、これを認識するのとしないのでは大違いですので、解説しておきます。

まず、ゆったりとした気持ちで対話をすることです。

誰もが緊張して対話をすれば、スムーズに言葉が出てきません。就職試験やさまざまな面接の場面を思い出してもらえればわかりやすいと思います。あなたが一人で、周りを厳しい顔をした人たちが取り囲んだら、それだけで足がすくんで言葉が出にくくなります。対話は一人対一人の場合がほとんどですから、相手が周りを取り囲むことはありませんが、それでも、緊張していると話はスムーズに進みません。

ゆったりとした気持ちで対話をしましょう。そして、顔もしかめっ面をせず、普段の顔でリラックスしましょう。そうすれば、緊張している相手も次第にリラックスしてきます。

2つ目は言葉づかいや話し方、トーンを合わせることです。人は自分と同じ言葉を使ってくれると安心します。喫茶店に行って「アイスコーヒー」と言っているのに、「冷《レイ》コーね」と言われると、同じことだとわかっていても「えっ」と思ってしまいます。また、話すスピードやリズム、そして声の高さなども、自分と同じように話してくれる人には非常に話しやすいものなのです。そもそも早口でしゃべると聞きづらいですし、低すぎる声も高すぎる声も聞き取りづらいものです。話し手の言葉づかいやスピード、リズムや高さをつかんで、それに合わせるようにして話しましょう。

そして最後のポイントは、体全体でメッセージを聴くという姿勢をとりつづけることです。非言語的メッセージの中でNG項目を述べましたが、それらはすべて、相手にあなたの聴いている姿勢を疑わせてしまう態度でした。

常に相手を見て話を聴く、それだけでも体全体で聴いている姿勢になります。なお、相手の目がよどんできたら要注意です。対話に疲れやいやけがさしはじめているかもしれません。

35 安易なうなずきは信用されない 誤解されないための身なりと態度

非言語的メッセージで相手の気持ちを知ることができますが、同時に相手もあなたの非言語的メッセージを受け取って、あなたの気持ちを推し量っています。その点は注意が必要です。

安易なうなずきをしているとき、腰が引けているとか、目線がそれているとか、他のことに注意が行っているとかであれば、相手はあなたの態度に不信感を持ちます。安易なうなずきは、相手に悟られているのです。

基本はしっかり聴き、相手に共感することです。うなずきに共感が伴っていれば、自然と相手もあなたを信頼してくれます。

また、相手に誤解を与えるような非言語的メッセージを伝えてはいけません。

例えば、足を組むことです。足を組むと、相手からすれば拒否されているように受け取り、尊大ささえ感じます。腕を組むことも同じです。

ほかにもいくつかありますから、紹介しましょう。

反り返って聴く。これは他の項目でも説明しました。相手はあなたが真剣に聴いていないように思います。

「身ぶり・手ぶり」は、あまり大げさな表現をしないほうがいいでしょう。本当に気持ちが伴っていればいいのですが、わざと大げさな表現をすると、相手から見抜かれます。自然体でいきましょう。

表情も同じです。無理に笑ったり、無理に驚いたりしてはいけません。自然な表情が一番です。何度も会う方なら、あなたが本当に笑ったり驚いたりしてする癖は見抜いています。

声が小さい、声がうわずる、話のスピードが速い。これは、相手からすると聞きづらくなります。また、声が小さかったりうわずると、相手は不安になります。自信がないから声が小さくなったのではないか、うわずったのは口から出まかせを言ったのではないか、と思ってしまいます。話のスピードが速いのも、落ち着かないので不安になります。ゆっくりすぎても、イライラするので注意です。

外観です。身なりは小綺麗《こぎれい》にするのが一番です。パーティーの場でもない限り、着飾る必要はありません。髪も整え、全身を清潔にし、歯は磨き、爪は短めにし、男性ならヒゲは剃《そ》りましょう。イスラム圏ではヒゲは男性の象徴だそうですが、日本はそんなことはありません。むしろ違和感を持たれることも多いのです。

相手の気持ちをわかるには、相手からの非言語的メッセージをしっかり感じることが必要ですが、同時に自分を誤解させてはいけません。尊大な態度はとらずに、普段のあなたのままで、飾らない態度をとることが相手にとって一番話しやすいことなのです。

36 相手の思考の癖、思考フレームを考えながら話を聴く

人はそれぞれ思考の癖というものがあります。心理学の用語で「思考フレーム」といいます。思考の枠組みのことです。物事を論理的に捉える人、感情的に捉える人、現実的なことを優先する人、逆に理想を求める人、すぐにお金の話になる人、人それぞれ違います。

日本人的な物事の捉え方も、思考フレームの一つです。桜が舞う姿を見てはかなさを感じるのもそうです。

同年代や、同じ立場の人なら、思考フレームは大きく違いませんが、それでも、育ってきた環境や受けてきた教育で違いはあります。厳しいしつけを受けてきた人には倫理観が強い人が多いようです。宗教的理由で非常に倫理観が強い人もいます。

人を捉えるとき、その人の思考の癖、思考フレームを把握して、そのフレームを尊重しながら対話を進めると、相手は安心して話を進めてくれます。

その場合、自分の思考フレームは外して聴きます。物事を現実的に考える人であっても、話し相手が感情的に考える人であれば、その人の感情に沿って対応すべきです。「明日、紅葉が見どころだから、箱根に行こうと思うんですよ」と相手は話します。その人は決めたらなかなか考えを変えない人で、さらに自分の気持ちを優先する人です。

そのような人には、「いいですね。ただ、明日は雨らしいですよ。行かないほうがいいんじゃない」と忠告したら、相手はカチンと来て、それ以上その対話は続かなくなります。

そうするのではなくて、

「いいですね。明日は雨らしいですから、傘を忘れずにね」と話をすれば、自分の感情をわかってくれたと思います。その上で、「傘を持っていくのかあ、私、雨は嫌だから、次にしようかな」となるかもしれませんし、それでも「行く」となるかもしれません。

現実的な人なら、「雨」と聞いただけで、それじゃ行くのをやめようとなりますが、感情的な人や、決めたことを変えたくない人は、それでも行くとなります。どちらが正しいとはいえませんが、雨の情報を伝えるときであっても、相手の思考フレームを尊重して伝えれば、相手は自分のことをわかってくれていると信頼感を持ちます。

人にとって自分の思考フレームを外して、物事を考えることは大変です。しかし、精神対話士は、自らの心を真っ白にして相手の話を聴きます。心を真っ白にするということは、自分の思考フレームも外すということです。そして相手の思考フレームに合わせて傾聴するのです。

また、相手の思考フレームがわかると、相手の話していることがわかりやすくなります。誰でも、長い付き合いのある人のほうがわかりやすいものです。それは、その人の話し方の癖や、思考の癖がわかるからです。

はじめての人の場合は、どのようにとらえるのか、なかなかすぐにはわかりません。まずは、じっくり話を聴いて、その人の思考フレームを把握しましょう。

37 アドバイスをしようとしない 客観的情報を伝える

精神対話士は治療や精神療法を行いません。また、自分の優位を強調して一方的なアドバイスをすることも避けるべきです。相手の気持ちをわかるためのアドバイスには工夫が必要なのです。

アドバイスをしようとすると、あなたは、アドバイスを受ける人より上の立場になりがちです。例えば、DさんとJさんの以下のような会話です。

「ランニングを始めようと思うんだ」

「ランニングですか、体によさそうですね」

「そういえば、Jさんもランニングをしていると言っていたけど、どんな準備が必要なの」

「必要なのは靴です。ランニング・シューズは欠かせません。普通の靴だと膝を痛めてしまいます。〇〇〇〇のメーカーの靴は軽くて丈夫です。履きやすいから初心者の

Dさんにはおすすめですよ」

これでは、Jさんは、Dさんに対して上から目線になってしまっています。それは「初心者」という言葉に端的に表れています。また、履きやすいとか、おすすめという価値判断を押し付けています。そうなると、「教えてあげる」という上からの立場になってしまい、対等な対話ができなくなります。

もし、Dさんが、どんな準備が必要か聞いてきたら、以下のようにアドバイスしてみます。

「ランニングの本に、シューズの選択は大切だと書いてありました。普通の靴だと膝を痛めてしまうからだそうです。○○○のメーカーの靴は軽くて丈夫だそうです。他にもいろいろ出ています。いまはランニングブームですから、多くのスポーツ店で買えるようです」

あくまで、客観的情報ということで、Dさんには伝えるのです。これなら、上から目線になることもありませんし、上下関係ができることもありません。

一方、このように自分の知っている情報を工夫して伝えることで、話は盛り上がります。

また、なぜランニングを始めようと思ったのか聴いてみましょう。そうすると、

「最近太り気味でダイエットがしたい」とか、「会社の同僚が始めて、ますます元気そうになったから」とか、ランニングに興味を持った経緯を話してくれます。話すことによって、相手の前向きな気持ちはもっと、前向きになっていきます。

体験談

大学のスクールカウンセラーとしての対話
「お世辞はやめてください!」

精神対話士Oさん

私は北海道の大学で精神対話士として心のケアの活動をしています。駅を降り、海を眺めながら20分ほど歩いたところに校舎があります。「ものづくり」の工科系教育機関として理想的な環境が整っているこの大学には、400名近くの学生が通っています。

私の活動の場である〝ほっと相談室〟をスタートして1年が経《た》ちました。職員の方々とはじめてお会いした際、対話がいかに縮こまった心を癒やし元気を与え、やる気を取り戻すための心の栄養になるかというお話をいただき、私自身が受け入れられているという安心感と緊張とで胸がいっぱいになりました。

はじめは「なぜ話をしなくてはならないの?」という疑問を持つ学生も多く、なかなか対話の機会がつくれませんでしたが、学校側の理解と協力により、精神対話士の名刺を学生に渡して連絡がとりやすくなるようにしたり、学生食堂で一緒に食事をしながら時を過ごし、私を知ってもらい、いつでも、たとえ悩みがなくても話をしに来てほしいと伝えていきました。

今ではお弁当を持って相談室に話をしに来る学生も増え、何げない対話の中から学生の抱える悩みを知ることも多く、対話を通して育む人間関係の大切さと楽しさを実感しています。

その中の一人A君は一度社会に出ましたが、リストラされ、もう一度勉強するためにこの大学に通っている学生でした。しかし、授業についていけず、友人とのコミュニケーションもとれずにいたのです。そこで私は高校時代の思い出話を聴かせてもらうことにしました。

A君は子どもたちにテニスを教えるアルバイトをしていた時のことを楽しそうに語ってくれました。対話が進み、「頑張っていたんだね……」と私が褒めると、「お世辞はやめてください」と突然怒りだしたのです。毎週のように、このような対話が続いたある日、A君の友人から「彼は褒められたことがなくダメな人間だと言われ続けている」と、A君の心の内を教えられました。

それから私は自分がA君の母親だったら、どのように対話をするのだろうと常に考え、愛情を込めて対話をすることで、A君が自信を取り戻せるように願い、話を聴き続けました。

するとA君はみずからが積極的に相談室に足を運ぶようになり、親子の会話のように対話がはずむようになったのです。

人前で発表などできなかったA君が、積極的に発表し、授業中の態度も前向きになり、先生がビックリするほど変わり始めたのです。そして先生から「精神対話士がいてくれてよかった」とおっしゃっていただき、私は親子で褒められたような安堵感と満足感で胸がいっぱいになりました。

日常の何げない世間話でも、心を寄せ合い楽しい時間を過ごすことで人は変われるのだと、実感しました。精神対話士としての喜びを教えてもらえたA君との出会いでした。

38 「答えない」のではない、「答えられない」ことがある

精神対話士が問いかけをしても、なかなか答えてくれないクライアントがいます。特に思春期の少年に多いのですが、答えたくても、答えられない場合があるのです。自分が悩んでいることはわかっているのですが、なぜ悩んでいるのか、なぜ苦しんでいるのか、その原因が何なのか、なぜここまでいらだつのか、その理由が自分でははっきりしないのです。言葉に出したくても、気持ちを言葉にできないのです。

大人の場合、すでにさまざまに自分の気持ちを整理し、自分の気持ちと向き合ってきた経験があります。今の大人だって思春期の子どもの頃は、今の思春期の子どもと同じように、みずからの気持ちをどのように表現したらいいのか、わかりませんでした。

しかし、大人との会話を通じて気持ちの整理や表現の仕方を学び、小説や映画を見て、自分の感情が何なのか、理解したりして、成長してきました。

思春期の子どもたちは、現在、その過程にあるのです。

大人でも、はじめての大きな悩みにぶつかったとき、それをどう処理していいか、わからないときがあります。人に裏切られたり、人を裏切ったり、かけがえのないものを失ったり、そのようなはじめての大きな経験をしたときは、子どもたちと同じように深い苦しみの中で、もがきます。

思春期の子どもたちは、常にそのような過程に身を置いています。社会という大きな障害とはじめてぶつかっているからです。それが思春期です。

そのような**思春期のクライアントが相手の場合は、強引な質問をして、無理に答えさせようとしてはいけません。強引な質問は、尋問と変わりません。**

世代にギャップのある子どもとの会話では、その子どもが興味のある話題をテーマにして話を進めるといいでしょう。子どもが好きな音楽やスポーツやタレントの話だったり、恋の話だったり、失敗談だったり。そのような対話の中で、少しずつ打ち解けていけばいいのです。そして、クライアントが言葉を見つけたとき、少しずつ悩みも客観的になってきます。

子どもにとって、大人は鏡です。精神対話において、文字通り、大人は子どもの鏡なのです。

インタビュー

子どもを失った母親に寄り添う その方の人生の一部になるんだ

東京・精神対話士Hさん

「私が、玄関先に立った時、一番心掛けていたことは、その方の人生の一部になるということを強く意識することでした」

本書の「沈黙（15項参照）」のところで紹介した精神対話士のHさんは、子どもを亡くされたお母さんのNさんに会うときに、そのような決意のもと、ドアを開けました。

「どこで、誰と、どのような形で、出会うかによって、その人の回復の過程は変わっていきます。特に子どもを亡くされるというのは、死別の中でも一番大変なことです。生きる基盤がグラグラ揺らいでしまう程のことです。そのようなときに、精神対話士として、その人を支える添え木になるのですから、生半可な気持ちで接しては絶対にいけません。〝その人の人生の一部になるんだ〟という強い気持ちでドアを開けたのです」

Hさんは、子どもを亡くしたNさんの友人からの依頼で、引きこもってしまっているNさんのもとを訪問しました。

「Nさんは、彼女の母親や友人など、誰が話しに行っても引きこもりの状態から、立ち直る様子がありませんでした。そのような時、精神対話士のことを知った友人が、実際に子どもを亡くしたことがあり、同年代の女性であることを条件に精神対話士を依頼してきたのです。その条件に私はあてはまって、派遣されたのです」

本書でも紹介したHさんは、2001年の附属池田小事件で、7歳の娘さんを亡くされています。

「私も一つ一つの苦しみを何とか乗り切ってきました。その一つ一つの苦しみを乗り切るにあたって、多くの方からの支えが、どんなにありがたかったかを身をもって知っています。

しかし、その方々は精神対話士とは違います。その方々の人生があり、生活があります。精神対話士のように、最後まで、クライアントが『もう大丈夫』と言うまで、その方に寄り添い、添え木になっていくことは不可能です」

派遣された最初、Nさんとはまったく対話にはならなかったとHさんは言います。しかし、沈黙の中にも、彼女から、悲しみやつらい気持ちや嘆きが感じられます。気持ちが言葉になるまでには、まだまだ時間がかかる状況だったのです。

「その後ですけど、家から出てこられなかったこともありました。ただ、私は、その時間、Nさんに会うために派遣されてきたのです。だから、その時間はNさんのための時間です。外でじっと待つようにしていました」

Nさんも外でじっと待っているHさんの姿に、徐々に心を開いて信頼を寄せるようになりました。

「ぽつり、ぽつり話すうちに、『来てくれてありがとう』の言葉もありました。彼女は引きこもっている間、ほとんど食事もとれずにいたのです。だから、食べたいものを聞いて、買ってきてあげるなどして、少しずつ体力も気力も回復されてきました。

そのうちに、お子さんを亡くされたときの気持ちを、誰もわかってくれない孤独であるとか、そのようなことが、ポロ、ポロ、ポロと口から出てくるようになったのです」

そして4年半の後、Nさんは立ち直っていきました。

共に娘さんを見送った瞬間

メンタルケア協会が発行している「I《アイ》・I《アイ》・ME《メ》CA《カ》」という機関誌があります。

「I・I・MECA」=Idea & Information of Mental Care Assosiationの略です。その2009年6月10日号に、Nさんが立ち直っていく様子が描かれています。もちろん執筆はHさんです。少々長くなりますが引用します。

「しかし、順調に進まれているように見えるNさんですが、新たな目標を持ち、自分を取り戻すためにしておかなければならない大切なことが残っていました。

『娘にそっと打ち明けたのです。《ママは、大丈夫、変われるかもしれない》そう話しかけました。娘のことは冷凍庫に入れておいて、必要なときに出すんです。捨てなくては駄目だとか、持ち続けなくては駄目だとか……どちらでもないの。……真ん中なんです。そう考えたら罪悪感もなくなって、以前のままの自分に戻ってもいいんだと思えたんです』(中略)

そして翌週の対話で、前に進むためにどうしてもしておきたいと思う物質的、物理的な作業するために、一緒にいてほしいと頼まれました。

『今日まで、ずっと手をつけることができなかった。今ならできる、今やらないと……』

本当に決心をされたようでした。亡くなった娘さんをもう一度失うような、大変つらい作業……、作業を終えられて長い沈黙の後、『つらいことから逃げているほうがつらかった』『心の整理ができたから、物質的、物理的な整理もできるようになれた』と静かにささやかれました」

この後もしばらくはNさんとの対話は続きました。そしてNさんは「社会のために役に立つことをしたい」と心を締めくくられて対話を終了しました。Hさんは冊子の最後に「私はこの世の中に、精神対話士が誕生し、精神対話士という生き方にめぐり合えたことに喜びと感謝の気持ちで心があふれています」と綴《つづ》っています。

「その方の人生の一部になるんだ」。その強い決意が「喜びと感謝」を生んだのです。

39 すべての決定権は話し手が持っている

人は誰でも自分の問題を自分で解決できる能力を持っています。特に自分の気持ちの場合、他人はその問題を解決することは不可能です。自分で解決するしかないのです。

だからこそ、**自分のことは大人であれ、子どもであれ、自分で決定しなければなりませんし、自分で決定できるものなのです。誰もが自己決定力を持っています。**

精神対話士は、誰もが自己決定力を持っていることを信じています。だからこそ、聴くことに徹底できるのです。おさえつけるような形でのアドバイスはしません。話を誘導するようなこともしません。

あくまで、本人の気持ちを聴いていくのです。引きこもりの高校生は精神対話士にこのような相談をすることがあります。

「学校に戻るかどうか迷っているんだ」

そのとき、精神対話士は、「学校に戻ったほうがいいですよ」とは言いません。「どうして、そのように迷っているんですか」と自分の悩みと向き合う質問を投げかけます。

そして自分で決定できるように話を聴いていきます。決して、その高校生に学校に戻るよう誘導するような質問も、指導もしません。精神対話士への依頼を、その高校生が通っていた学校がしていたとしても同じです。

あくまで、学校へ戻るか戻らないか、他の高校へ行くことになるのか、それともそのまま引きこもりでいるのか、はたまた違う道を選ぶのか、それを決めるのは、本人なのです。

前項のインタビューに登場したHさんは「その人の人生の一部になるんだ」という強い決意で、子どもを亡くされた母親との対話に臨みました。そのことは、その母親に自己決定力がないということではありません。その母親が自らの力で自己決定力を前向きな形で取り戻すための添え木になるという決意です。

負の力に覆われたとき、人は前を向くのにすごい勇気と決意がいります。それは一人ではできないかもしれません。その心をそっと後押ししているのが精神対話士です。そして、負の力に覆われているとき、それに寄り添っているのも精神対話士です。

精神対話士は、聴くことで相手を勇気づけ、共感することで相手に安心感を与え、受容することでその人の生き方を後押しします。あくまで、クライアント本人が自分の人生を決めていくものなのです。

40 話し手の視野が狭くなっているときは選択肢を多く提供してみる

精神対話士のK氏は、学校からの依頼で、引きこもりの生徒と対話することが多くあります。その中での印象的な対話のケースです。

その生徒は、高校生の1年で引きこもりになりました。ただ、学校側も両親も、なぜ引きこもっているのか、まったくわからないということでした。心当たりがまったくなかったのです。

K氏は学校からの依頼でその生徒に会いました。

しかし、生徒は自分の部屋に引きこもり、食事も母親がドアの前に置いたトレイをそっと部屋に持ち込んで食べていました。そして、ドアは、普段本棚をつっかえにして開かないようにしています。学校の先生はもちろんのこと、両親にもまったく話をしません。

そのような生徒とK氏は対話を試みたのです。最初はドア越しの対話だったそうです。しかし、そのうちに生徒は自分のことを語り始めました。

なぜ、その生徒は引きこもりになったのでしょうか。原因はクラブ活動でした。彼はあるスポーツのクラブに入っていました。彼は、そのスポーツを高校から始めたのですが、周りは中学から始めた生徒ばかりでした。周りの生徒に対して、彼は明らかに劣っているとみずから感じていました。

クラブの先生も、彼を叱咤《しった》激励するつもりで、厳しく接したようです。人一倍真面目な彼は、他の生徒のようにうまくいかない自分を責めたようです。先生の指導も、徐々に重荷になってきました。

もうクラブには行きたくない。そんな気持ちが不登校につながってしまいました。そして、引きこもり状態になりました。彼の気持ちにクラブの先生も気がつきませんでした。もちろん、学級担任も、両親もわかるわけがありません。

そのような彼にK氏は、「学校に行かないという選択肢もあるよ。他の学校に変わるという選択肢もあるよ。大検という選択肢もあるよ」と伝えました。

K氏は学校からの依頼でその生徒に会っていますが、学校の先生ではありません。中立的立場ですから、そのような言葉をかけることができたのです。それが精神対話士の立場の強みです。

自分の人生を決めるのはあくまで自分です。精神対話士ではありません。しかし、人生の選択肢がいろいろあることを示唆することまで否定されているわけではありません。**人は学生に限らず、悩んでいるときには視野が狭くなっていることが多くあります。少し外に目を向ければ、今の世界とは別の世界があるにもかかわらず、それがわからなくて右往左往しているのです。そんなとき、選択肢を少しでも提示してあげることはその人の未来を切り開くことにもなり得ます。**

ただし、前提としては、その生徒の気持ちを傾聴し、悩みに共感できたからこそ、なし得た行為でもあるのです。

おかげで、その生徒は、いろいろ考えた末に、また元の学校に通うことを決めたということです。

41 誇張でも、思い込みでも、同じ話の繰り返しでも相手の話を聴く姿勢を変えないようにしよう

誰でも、どんな会話をしていても、ある程度の脚色はあり得ます。また、ある事実について、まったく公平に語れる人はほとんどいないでしょう。その人の立場や見方次第で内容は微妙に変わっていきます。それについて、過敏に反応する必要ありません。**私たちは裁判官とは違って、真実を突き止めることを主眼とはしません。その人の話を、その人の思考フレームに沿って聴いていけばいいのです。**

しかし、相手の話が、誇張なのか嘘《うそ》なのか妄想なのかわからない場合があります。壁の隙間からクモがたくさん湧き出してくるとか、カーテンの裏側に誰かがいるとか、訴えてくる人もいます。それは認知症や統合失調症による幻覚かもしれません。

だからといって、そのようなときに、その言葉の真偽を追及したり、否定するのではなく、その人と一緒に壁の隙間の中をのぞいたり、壁の裏側に回ったりして、本当にクモがたくさんいるのか、調べてみます。

　また、共にカーテンの裏側に行って、誰かがいるのかを調べてみます。それによって、今はいないことを確認し、安心して対話を続けられます。また、相手の話したことを、否定するのではなく共に確認することで、相手は自分の言葉を信じてくれたと、満足感も生まれますし、あなたに対して信頼も寄せてくれます。

　また、「みんなが、いつも、私に隠れてひそひそと私の悪口を言っているの」と話す人もいます。そのような場合も否定することなく、「なぜ、そう思うのでしょう」と聴きましょう。もしかすると、本当に悪口を言っているのかもしれませんし、その人の思い込みかもしれません。しかしその人がそう思っているのですから、聴くことが大切です。

　何度も、何度も、同じ話をする人がいます。また、話がループしてしまう人もいます。AからB、BからC、そしてCからまたAへと。話に出口がありません。どちらの場合でも、無理に話を違う方向へ展開させる必要はありません。

　その人にとって、まだまだ話し足りないことがあるのです。充分話してもらうことで、満足する場合が多いのです。

　ただし、同じ話を繰り返していても、まだ出しきっていない気持ちがあるかもしれません。

例えば愛犬が亡くなったことを何度も話す70代の男性がいます。大変可愛《かわい》くて、賢くて、寝るときも一緒で、最後はがんで亡くなったということを延々と話します。しかし、そのような話でも、もしかすると愛犬への気持ちだけでなく、他の気持ちがあるかもしれません。そのような方に、違った角度から質問をしてみます。

「亡くなられた犬はいつ頃から飼っていたんですか」

「今から11年前かな、娘が買ってくれたんだ。ブリーダーからね」

「娘さんが買ってくれたんですね」

「そうなんだ。妻が亡くなるとき、妻が娘に言ったんだよ。俺が寂しくなるからって。『お父さんに、犬を飼ってあげて』って。『散歩に連れて行けば、気もまぎれるし、運動にもなるから』って。そんなこと俺は知らなかったんだけど、犬が死んだ後、娘が教えてくれたんだよ」

「やさしい奥さんだったんですね」

「おせっかい焼きでさあ。死ぬまでさあ、俺のことおせっかい焼いてさあ……」

このように、話は違う展開を見せることもあります。そして、心に残っていたほかの気持ちを話してくれることもあります。それによって、その方は、より満足感を得ることができるでしょう。

42 ナルシズムを捨てて傾聴しよう

対話は対等に行われるものです。どちらかが上の立場になったり、下の立場になったりはしません。気持ちの上でも相手に教えてやるというような優位の立場に立った対話は行いません。

また、自分の達成感がほしくて対話することもよくありません。相手から「褒められたい」「感謝されたい」という気持ちを強く持ってしまう人や「自分が満たされるために対話」する傾向のある人は要注意です。

そのようなナルシズムに引っ張られる方は、精神対話士としてのあるべき姿を再確認する必要があるでしょう。

ナルシズムに引っ張られる方をもう少し詳しく解説すると、「精神対話を行っている自分を『かっこいいな』とか『いいなあ』と思ってしまう」のはもちろん、「クライアントに気づきやカタルシスを経験してもらおうとして意図的に何かをしてしまう」「クライアントの喜ぶ顔が見たい」なども、その一種です。

相手からの感謝によって満足したいという気持ちの表れです。あるいは優越感を持ちたいという自己中心的な考えなのです。

なかには、一般的な会話で、間違った相手の考えを改めさせたいと説得してしまうことがありますが、これもやらないほうが賢明です。精神対話士はそのようなことはしません。これも優越感のなせる業だからです。相手を自分の意見に服従させてしまうことになり、相手は「カタルシス」を感じることはありません。**人は説得されたから行動するわけではありません。自ら納得して動くのです。**

あるいは、その相手が部下だった場合、「上司に反論しても仕方ないから従おう」と思われるだけです。自分に説得力があると思うナルシズムは捨てましょう。

また、「相手の問題を自分に置き換えて考える」こともよくありません。同じような年齢、同じような体験、同じ性別などの相手だと、思わず相手のことがよくわかった気持ちになってしまいます。

しかし、相手のことが百パーセントわかることはありません。どこかにわからない部分が出てきます。そのことをスルーしがちになります。「自分はよくわかる人だ」というナルシズムは捨てましょう。そして、相手の話を傾聴してください。

43 経験は大切だが、経験がすべてではない 経験がなくても、人は心を開く

精神対話士の年齢層は非常に幅広いのです。下は17歳から上は80代の方までいます。年齢が低いから精神対話士として力量がないかというとそうとはいえません。

もちろん、経験が豊富なほうが、相手の話す内容を理解しやすいでしょう。夫婦の不仲や、会社でのストレス、嫁姑《よめしゅうとめ》関係の悩みなど、多くの経験をお持ちの年代の方のほうが、相手の話す一つ一つの事柄について、より共感できると思います。

さらに、部下を罵倒し人格否定をするような上司に出会ったことのないビジネスパーソンの場合、そのような上司がいることさえ想像できません。逆にそのような経験をお持ちの方ならば、人格否定をされ、傷ついた気持ちを受け止めることができ、共感に結び付くでしょう。

男性の場合、ＤＶを受けたことのない人が多いですから、ＤＶを受ける女性にも非があると思ってしまうことがあります。ＤＶを受けたことのある女性なら、そのよう

なことは思わないでしょう。

しかし、人は、他人の体験をすべてみずからがすることはできません。いくら体験が豊富であっても、他人が体験していることで、自分では体験していないことがたくさんあるはずです。山登りが好きでも富士山に登ったことがない方もいると思います。スポーツ好きでも、クリケットのルールを知っている日本人は少ないと思います。

体験は大切ですが、それを過信してはいけません。大切なことはより深く聴くことです。体験が豊富であると、自分の体験をアナロジー（類推）して、逆に相手の気持ちがわかった気になってしまうことがあります。

仕事の場合、自分が上司で部下から相談を受けると、部下の話を全部聴く前にアドバイスをしてしまうケースがあります。しかし、そのようなアドバイスは多くの場合、ピント外れだったりします。

年が若くても、素直な気持ちで相手に接し、クライアントが心を開いてくれるなら、それは相手を理解する一歩になります。大学生や高校生、あるいは社会人ほやほやであっても、高校生や中学生、あるいは大学生から見れば、立派な先輩であり身近な存在でもあるのです。閉ざしていた心も溶解し、緊張せず、より気軽に話をしてくれることも多いでしょう。経験は大切ですが、それを過信してはいけないのです。

44 第三者だから話せることがある求められる精神対話士

テレビドラマや映画では、よく伯父（叔父）さんや伯母（叔母）さんという存在が出てきます。昔は、大家族でしたから父親や母親の兄弟も多く、伯父さんも伯母さんも大勢いました。

そして、伯父さんや伯母さんの役回りの多くは、主人公へのアドバイザーだったり、反面教師だったり、親子がもめたときの仲介者だったりします。そのように、主人公から距離を置いて、全体の潤滑油的なポジションにいることが多かったのです。

実際に、昔の伯父さんや伯母さんもそうだったように思います。よき相談相手だったのでしょう。

しかし、現在はそのような存在が少なくなってきています。今の20代、30代はもちろん40代の人でも、両親の兄弟は多くて3人程度。なかには両親ともに一人っ子で、兄弟がいないケースも珍しくはありません。そして、伯父さんや伯母さんがいても、彼らは個人主義で育った世代ですから、甥《おい》や姪《めい》のことなど気にかけてくれません。

自分から見て、距離を置いて見てくれる人などほとんどいないのが、今の時代です。だからこそ、今の時代は、人が一人一人孤立して悩み苦しんでいる時代といえるでしょう。悩みはなかなか家族には相談しにくいものです。あまりにも近すぎて話しづらいのです。ましてや家族が悩みの種なら、相談するのに無理があります。

学生や生徒、児童であれば、先生に相談するという選択肢もありますが、それも難しい状況です。今の先生は忙しすぎますし、先生の仕事のメインは授業をすることですから。友達からのいじめを相談しても、友達もその先生の生徒だから、なかなか解決の道に進んでいけません。社会人であっても、同僚はライバルだし、先輩や上司に話しても、自分の悩みが会社に漏れるのではないかと不安になります。

多くの人にとって、誰にも相談できないでいるのが、今の時代です。だからこそ、精神対話士が必要になっているのです。病院や学校が精神対話士に依頼し、患者や生徒、学生との対話の場合でも、あくまで**精神対話士は第三者です。誰の利害にも直接関わるようなことはありません。あくまでクライアントの話を傾聴し、共感し、寄り添ってくれる存在です。**今の時代、一番求められている存在がそのような役割の精神対話士といえます。

45 人は元気になる力を持っている それを信じて話を聴く

「人は絶対に元気になる力を持っています。私は、人間は強いものだということを信じています。私自身の体験からもそう思います」

夫を9・11のアメリカ同時多発テロで亡くした精神対話士のSさんは、このように語ります。

「過去の歴史の中で、そして現代でも戦争によって多くの方が亡くなっています。その中には多くの不幸や悲劇や絶望があったと思います。それでも、人間は生き抜いてきた。そういう生き抜いていく力を人間は絶対持っているのです」

人には自然治癒力があります。それは体だけでなく、心にもあります。Sさんは語ります。

「今はつらくって、つらくって、いつこんな状態から逃れられるのか、まったく先が見えなくても、それには非常に長い時間がかかっても、いつかは絶対に元気になれると、私は信じてお話を聴いていています」

精神対話士はその人の持っている精神の力を信じているからこそ、人の話に耳を傾けることができるのです。そして、人は自らの力で心を立ち直らせていきます。

子どもを事件で亡くしたHさんは、精神対話士として、多くのクライアントに接してきました。時には、苦しみの中でもがき、何も話せないでいるクライアントもいました。それでも、その方に寄り添ってきました。

「私は信じるだけです。その人の力を信じて寄り添うだけなのです。私に何かができるわけではありません。

しかし、苦しみもがくこと、悲しみもがくこと、これもその人の力の源泉になると思います。**それが、今は負のパワーですが、その負のパワーがあるときでもコペルニクス的に、180度ひっくり返って、プラスのパワーになり得ます。**

そのことを信じて、寄り添うのです。私が立ち直れたのも、人の真心に触れたからです。そのときはしっかり認識できませんでしたが、誰かがそばにいてくれたから、今があると思うのです。

そのコペルニクス的転換を支えるために、私はただ、心に寄り添っているだけなのです。人には立ち直る力があるのです」

体験談

困難な手術を受ける勇気

病気と格闘する50代主婦との対話

精神対話士Oさん

クライアントのAさんは強い痛みを伴う難病を抱えていらっしゃる50代の主婦です。過去に大きな手術をいくつか受けられ、病の苦痛とともに深い孤独感、焦燥感などの心の苦痛と日々闘っていらっしゃいます。

長い間病気で苦しむうち、対話により気持ちの整理をして、これからの生き方を考え、気持ちが楽になりたいと願われ対話の依頼がありました。

お伺いした1年前には、痛み緩和の保存的治療を続けておられ、薬物治療も限度がきており、手術を受けてもよくなるとは限らないとのことで、自分はこのまま衰弱死してしまうのかと悩む苦しみの中にいらっしゃいました。

その後、７時間に及ぶリスクの高い手術を受ける勇気ある決断をされました。

現在、術後の経過は順調で、「これから豊かな人生を歩みたい、そして、ここまで乗り切れた体を授けてくれた両親に感謝したい。他人のために献血をしてお役に立ちたい」など大変前向きな気持ちになられました。

今回の手術を決断されたこと、そして今までの対話をずっと心に留めてくださり、手術を受けたらまた私に会えると再会を励みとしてくださったということをお聴きして、本当に感謝いたしました。

Aさんから、「とても大切なことだから、手を取っていて」と言われ、手を握りながら集中してお話を傾聴することもあります。そのようなとき、Aさんは、「私はこのままでいいのね。すごく楽になった。話してよかった」とおっしゃいます。

体の痛みが治療で癒やされるように、心の痛みもまた真心の対話によって癒やされることを改めて学んで、私のほうも癒やされる思いを抱きました。

これからも精一杯Aさんに尽くしていきたいと思います。

46
特別講義

精神対話士の資質
誰もが持っていたい6つの資質

ここでは、精神対話士の6つの資質を要約したいと思います。この6つの資質は精神対話士だけでなく、本来なら誰もが持っていたい資質です。人の気持ちをわかるためには必要な資質なのです。

求められる資質は、「誠実であること」「謙虚であること」「感性が豊かであること」「忍耐強いこと」「愛があること」「想像力」の6つです。

1．誠実であること――生真面目とは違います

悩めるクライアントとの対話に、誠実に取り組むことは当然ですが、この誠実は単に「真面目」であることとは違います。特に「生真面目」であってはなりません。

クライアントとの対話は答えを出すことが直接の目的ではなく、良い悪いの判断をすることでもありません。

クライアントの話の内容が、社会一般通念と違っていても、それに白黒をつけるのではなく、グレーの部分もあることを認める心の余裕がほしいのです。クライアントの気持ちをそのまま受け入れる（受容）ことが誠実みのある対話につながります。

2．謙虚であること――謙遜とは違います

謙遜とは違います。自分の知識、経験、能力を卑下して伝えると、クライアントはその人を信用していいのかどうか迷います。謙虚とはいかに自分が勉強し多くの知識を持っていても、クライアントの悩みがいかに瑣末《さまつ》なことであると思っても、クライアントの訴えを誠心誠意聴き、受け入れる気持ちをいうのです。

3．感性が豊かであること――多くの琴線を持ちたい

物事に感動する心（気持ち）があることです。よく「琴線に触れる」といいますが、その意味で多くの琴線を持っていたいものです。感性が豊かであることは、相手の気持ちを想像し、理解することにもつながります。

4．忍耐強いこと――じっと寄り添うことが大切です

対話の中で、クライアントの考えが堂々巡りしてなかなか気づきが得られないとき、自分の経験や知識をもとにアドバイスするほうがいかに容易で楽なことかと思うことがあります。

しかし、それを行ったのでは精神対話になりません。じっと寄り添い暖かな気持ちでゆっくりと待つ、その忍耐こそ大切なのです。

5．愛があること――あなたの味方として傍らにいます

愛という言葉にはさまざまな意味や形があります。それでは、精神対話士のクライアントに対する愛はどのようなものでしょうか。

それは、「私はあなたの味方として傍らにいますよ」「今あなたにとって最良なことは何か、一緒に考えていきましょう」という思いであり、それを言葉と態度で表すことです。病床にいて浅い眠りから覚めたとき傍らで誰かが微笑《ほほえ》んでくれているときの何とも言えない安堵《あんど》感は、病気をしたことがない人でも想像がつくと思います。

愛とは言葉さえもいらないことがあるのです。クライアントのために何かをすることよりも、まずそばに居て心に寄り添うことこそが愛の証《あかし》ではないでしょうか。

6. 想像力――謙虚な想像力

クライアントとの初回の対話には真っ白な気持ちで臨みます。しかし、対話が始まったら、この方の訴えていることは何なのか、言葉にまだ表れていない本音は何か、また言葉の奥にある本心はどのようなものなのか、長い沈黙は何を考えているのか……想像しつつ傾聴しなければ、クライアントの気持ちを理解することはできません。その意味で謙虚な想像力は必要なのです。

体験談

医療の一翼に貢献する

精神対話士である精神科医師からの言葉

精神科医師・精神対話士O氏

精神科の患者さんのなかには、何らかの医療処置が即必要な幻覚妄想状態や興奮状態にある急性期の患者さんがいます。一方で、そういった症状は消えたものの、長期にわたる入院生活のため、何にも興味や関心、意欲を示さなくなる慢性期の患者さんもいます。さまざまなタイプがいるのです。

慢性期の患者さんには、医師よりもむしろ作業療法士の病棟内での役割が大きいのです。精神科医療が、医師のみでなくさまざまな医療に携わる人たちとの連携によって達成されることは以前から提唱されてきました。

私はもし精神対話士などの医師以外の専門職が、急性期を脱した患者さんをフォローしていったならば、慢性期病棟は必要ではなかったのではないかと思っています。

一方、昨今の外来患者さんは、軽症なのですが、職場での人間関係や仕事内容に関する悩みを訴えてくる方々が多くなりました。こういった背景には不況や企業の経営方針の変化などによる影響も大きいと思われます。

しかし、いずれにしてもこれらの患者さんは、薬よりもむしろ医師に自分の話を聴いてもらいたい人が多く、職場や家族の中に話をできる人がいない人たちでもあるのです。

しかし医療の現実問題として、一人の患者さんに充てられる時間は限られており、毎回じっくりとは聴いてあげられないのが現状です。私はこういった医療の欠点を補い、フォローする道が、精神対話士の担うひとつの大きな役割だと思っています。

ただ精神対話士と医師とではアプローチの仕方がまったく異なっています。医師は薬や生活指導を通して「外側から」アプローチするのに対して、精神対話士は対話をもって「内側から」アプローチします。そして、その人の生きる力に、その人自身が気づくようにもっていかねばならず、医師以上に難しい局面を持つものと思われます。

物と情報があふれている半面、人と人との接触が希薄になっている現代において、精神対話士のもつ意義は大きく、その点から、医療よりもその方向性は広がるものと確信し、大いに期待しています。

あとがき

今、話し手（クライアント）と私たち（聴き手、精神対話士）がいる快適な空間が、もし密室だとしたら、時間の経過とともに、酸素がなくなり、息が苦しくなって、やがて二人とも生命を失うことでしょう。二人は、そうなる前に窓や扉を開けて外気（酸素）を入れて生命を救おうとします。

「生命」をシンボリックに考えると、二人は「生命」を共有しているといえます。二人が居る部屋では、二人はお互いの呼吸を吸っていることになります。

私たち（聴き手、精神対話士）は、話し手（クライアント）と同じ部屋に居ることで〝シンボリック〟な「生命」を共有しているだけではありません。地球を取り巻く空気は万民共有のものです。新鮮な空気を与えて人の生命を守ってくれるのは植物です。植物は二酸化炭酸を体の成分として受け入れ、代わりに人間（動物）に酸素を供給してくれます。その空気を介して全人類（全動物）は、地上や海水中の植物と〝シンボリック〟な「生命」を共有しているのです。

私たちの命はすべてとつながっているといえるのです。

私たち（精神対話士）は、人への贈り物のなかでも最も尊い誠心（真心）を贈るものです。かつ対座している相手（クライアント）と〝シンボリック〟な「生命」を共有しているという事実を、常に心にとどめていただきたいと願っています。

私たち（精神対話士）の癒やしの根幹は、「傾聴」「共感」「受容」です。その礎となるものが「人の気持ちがわかる技術」、すなわち「聴く力」です。本書がそのためのバイブルとなることを願ってやみません。

平成28年9月　一般財団法人メンタルケア協会

参考文献

『対話で心をケアするスペシャリスト《精神対話士》の人の話を「聴く」技術』（メンタルケア協会編著、２００６年10月発行、宝島社刊）
『対話で心をケアするスペシャリスト《精神対話士》の「ほめる」言葉』（財団法人メンタルケア協会編著、２００８年４月発行、宝島社刊）
『虹とひまわりの娘』（２００３年５月発行、講談社刊）
『天に昇った命、地に舞い降りた命』（２００２年12月発行、マガジンハウス刊）
『いのちを癒す「心のとまり木」』（小比木啓吾監修、財団法人メンタルケア協会編、２００８年10月新装版発行、ＫＫベストセラーズ刊）
『精神対話士という生き方』（財団法人メンタルケア協会編、２００８年12月発行、ＴＡＣ出版刊）
『精神対話論』（財団法人メンタルケア協会編、２０１３年３月発行、慶應義塾大学出版会制作・販売）
『メンタルケア用語事典』（石原明・大橋英寿・小嶋秀夫・佐藤登志郎・三宅和夫監修、財団法人メンタルケア協会編、２００７年８月発行、慶應義塾大学出版会制作・販売）

参考文献

『精神対話士ハンドブック【第3版】』（小比木啓吾監修、財団法人メンタルケア協会編著、２０１３年2月新装版発行、慶應義塾大学出版会制作）
『ＨＮＫスペシャル　うつ病治療　常識が変わる』（ＮＨＫ取材班著、２００９年10月発行、宝島社刊）
季刊誌『心と体のオアシス』（２０１６年ＷＩＮＴＥＲ号、中央労働災害防止協会刊）
機関誌『Ｉ・Ｉ・ＭＥＣＡ』（一般財団法人メンタルケア協会刊）

一般財団法人メンタルケア協会

1993年、慶應義塾大学医学部出身の医師たちが中心になって設立された。人は病気などさまざまな障害によって心に不安を抱え、人生をまっとうするための根幹となる「生きがい」を見失いがちになることに着目。それらの人々を真心の対話によって癒やし、支え、「生きることの尊さ」を共感し合うことのできるための「メンタルケア・スペシャリスト養成講座」を開催。さらに、精神対話士の育成、認定、派遣を行っている。

主な著書には『宝島社新書　対話で心をケアするスペシャリスト《精神対話士》の 人の話を「聴く」技術』『対話で心をケアするスペシャリスト《精神対話士》の「ほめる」言葉』(共に宝島社)、『精神対話論』(慶應義塾大学出版会)などがある。

対話で心をケアするスペシャリスト《精神対話士》の

人の気持ちがわかる技術

2016年10月29日 第1刷発行

編著者　一般財団法人メンタルケア協会
発行人　蓮見清一
発行所　株式会社宝島社
〒102-8388
東京都千代田区一番町25番地
電話　営業　03-3234-4621
編集　03-3239-0927
http://tkj.jp
印刷・製本　サンケイ総合印刷株式会社

ISBN 978-4-8002-6148-9

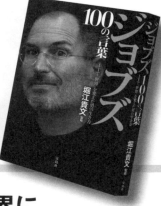